2017

中国农产品价格调查年鉴

CHINA YEARBOOK OF AGRICULTURAL PRICE SURVEY

国家统计局农村社会经济调查司 编

中国统计出版社
China Statistics Press

图书在版编目（CIP）数据

中国农产品价格调查年鉴. 2017：汉英对照 / 国家统计局农村社会经济调查司编. -- 北京：中国统计出版社，2017.11
ISBN 978-7-5037-8393-7

Ⅰ. ①中… Ⅱ. ①国… Ⅲ. ①农产品价格－统计资料－中国－2017－年鉴－汉、英 Ⅳ. ① F323.7-66

中国版本图书馆 CIP 数据核字（2017）第 258428 号

中国农产品价格调查年鉴—2017
CHINA YEARBOOK OF AGRICULTURAL PRICE SURVEY 2017

编　　者 / 国家统计局农村社会经济调查司
责任编辑 / 尹　伊
封面设计 / 李雪燕
出版发行 / 中国统计出版社
通信地址 / 北京市丰台区西三环南路甲 6 号　邮政编码 /100073
电　　话 / 邮购（010）63376909　书店（010）68783171
网　　址 / http://www.zgtjcbs.com/
印　　刷 / 河北鑫兆源印刷有限公司
经　　销 / 新华书店
开　　本 /880mm×1230mm　1/16
字　　数 /340 千字
印　　张 /11.5
版　　别 /2017 年 12 月第 1 版
版　　次 /2017 年 12 月第 1 次印刷
定　　价 /148.00 元

如有印装差错，由本社发行部调换。

《中国农产品价格调查年鉴—2017》编辑委员会

《CHINA YEARBOOK OF AGRICULTURAL PRICE SURVEY—2017》

EDITORIAL BOARD AND STAFF

前　言

一、编辑目的与作用

随着我国市场经济体制的建立与不断完善，农村经济运行的市场化步伐加快，市场机制在农产品流通与贸易中的基础作用日益显现，宏观决策和社会公众对农产品价格信息的需求与日俱增。为了适应这一新的形势，国家统计局农村社会经济调查司发挥系统自身优势，逐步建立起完整的农产品价格调查体系，对农产品生产和流通的全过程进行密切跟踪调查，全方位把握农产品价格走势，深入透视农产品生产、贸易和消费环节的分配关系和利益格局。汇编这些价格数据的目的就是为了充分发挥农产品价格信息在分析研究我国农产品供给与需求、农产品市场竞争与产业结构调整、农民收入与居民消费等方面的独特作用，更好地服务于各级党政领导的“三农”决策，服务于关注农产品价格问题的研究机构和各界社会公众。

二、主要内容与资料调查方法

本书的内容主要包括统计图、农产品生产者价格指数和农产品集贸市场价格三部分。农产品生产者价格是农产品生产者 ，直接出售其产品时实际获得的单位产品价格，它是农产品集贸市场价格、批发价格和消费价格形成的基础和前提。农产品生产者价格调查采用随机抽样的方法抽选调查网点，实行抽样调查。全国共抽选约20000个农业生产经营单位，其中普通农户占三分之一，农业生产单位和生产大户占三分之二。调查内容涉及农、林、牧、渔四个大类，180种代表品。农产品集贸市场价格调查是对全国200个农产品主产县（市）31种农产品进行的集贸市场价格调查，旨在反映我国农产品主产区大宗农产品的交易价格和价格走势。

三、特别说明

本书在重点收录2016年农产品价格调查资料的同时，编发了2000年以来主要年份全国主要农产品的价格数据（全国汇总数据不含西藏）。生产者价格指数以上年或上年同期价格为100。农产品集贸市场价格单位统一为“元/公斤”，价格数据保留两位小数；集贸市场价格走势分为环比和同比两个系列，环比以上月或上季度价格为100，同比以上年同月或同期价格为100。

为了及时反映全国农产品价格走势，我们将定期出版《中国农产品价格调查年鉴》。限于我们的经验和水平，书中疏漏在所难免，不妥之处敬请读者批评指正。

编　者

2017年8月

Preface

I. Background and Purpose

Along with the establishment and improvement of the system of market economy in China, the market-oriented pace of the rural economy has been accelerated. The market plays more and more important role in production and trade of agricultural products. Therefore, the government and publics have increasingly more demand for the information on the prices of agricultural products. In order to fit in with this situation, Department of Rural Surveys National Bureau of Statistics has been carrying out surveys on the prices of agricultural products to monitor the movement of the related prices and to maintain the agricultural accounting system, through its survey teams locating all over the country since 2003. The purpose of this book is to provide the price information of agricultural products to government agencies at various level, the research institutions, agricultural holdings as well as other publics for the decision-making and analyzing the supply and demand relations of the agricultural products, the market competition of agricultural products and the agricultural restructure, the farmers,income and consumption, etc.

II. Contents and Methodology

The contents of this book include: the chart of price movement of agricultural products,the producer prices index of agricultural products, the prices of the agricultural products at the rural market fairs. The second part of this book is based on National Producer Price Survey of Agricultural Products. The producer price of the agricultural product is the price of the unit product, at which the producer of the agricultural product, i.e. the agricultural household or the farm, directly sells the product. The producer prices of agricultural products are the bases of the prices of the agricultural products at the rural market fairs as well as the wholesale prices and consumer prices. National Producer Prices

Survey of agricultural products is a sample survey with its sample units selected with random sampling method. A total of 20000 units engaged in agricultural production have been selected in the whole country, in which the agricultural households account for one thirds and the farms account for two third. The survey covers 180 representative agricultural products in four categories of farming, forestry, livestock and fishery. The third part of this book is based on Survey of Agricultural Products Prices at Rural Market Fairs which is a survey on the prices of 31 agricultural products in 200 major producing counties and cities conducted for reflecting the trading prices of the staple agricultural products in the major producing areas and the change of these prices.

III.Additional Notes

While mainly presenting the survey data on the prices of agricultural products in 2016, this book also releases the series data on the prices of main agricultural products in China since 2000 (The country's aggregated date excludes Tibet). The producer price indices take the prices in the preceding year or the prices at the same period of preceding year as 100. The unit of the prices of agricultural products at rural market fairs is unified to be Yuan/kg and two decimals are kept for the price data. The data on the change of the prices of agricultural products at rural market fairs are classified into two series, namely the chain indices and the fixed base indices. The chain indices take the prices of the previous month or quarter as 100 while the fixed base indices take the prices of the same month or same period in the preceding year as 100.In order to better reflect the change of the prices of agricultural products in China, we will periodically publish the China Yearbook of Agricultural Price Survey. Limit to our experiences and knowledge, some slips are inevitable in the book. We warmly welcome the comments or suggestion from our readers.

The Editor
Beijing
August. 2017

目录

第三部分 农产品集贸市场价格
Part III Prices of Agricultural Products at the Rural Market Fairs

附录　全国农产品价格调查方案
Appendix　Programmes for the Survey of the Prices of Agricultural Products

1

统计图

Chart of Price Movement

1-1 农产品生产者价格指数走势图

Chart of Indices of the Producer Prices of Agricultural Products

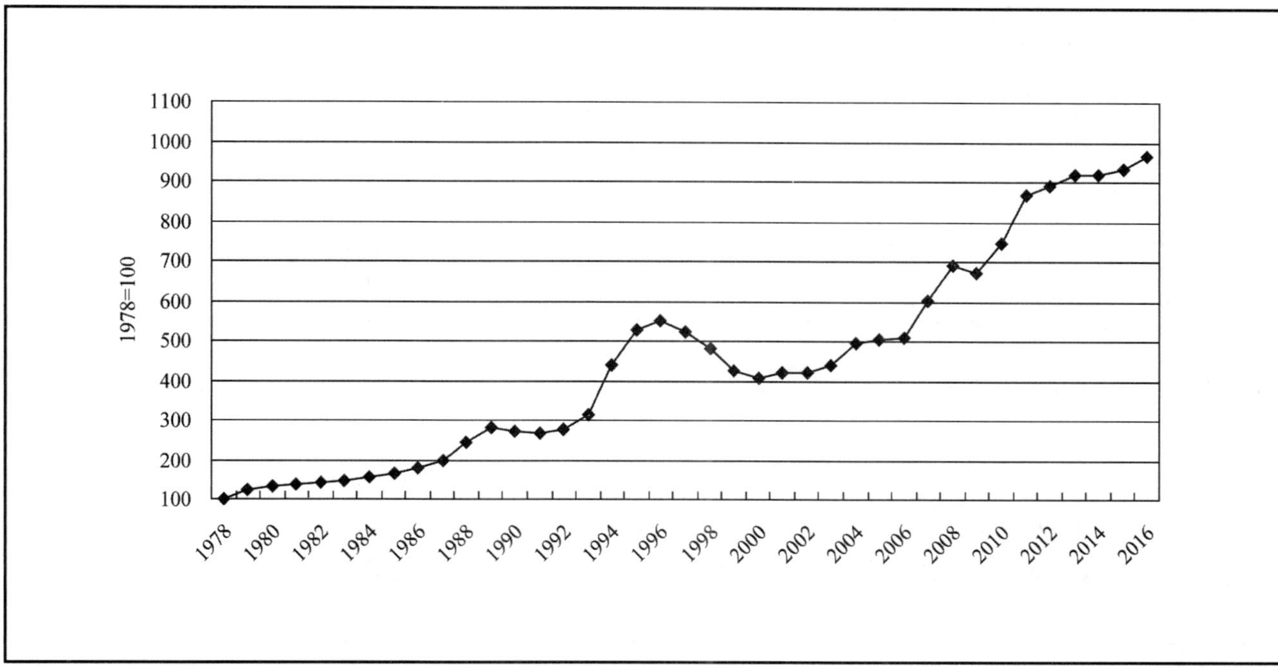

图 1　1978—2016 年农产品生产者价格总指数

Annual Overall Indices of Producer Prices of Agricultural Products
(1978—2016)

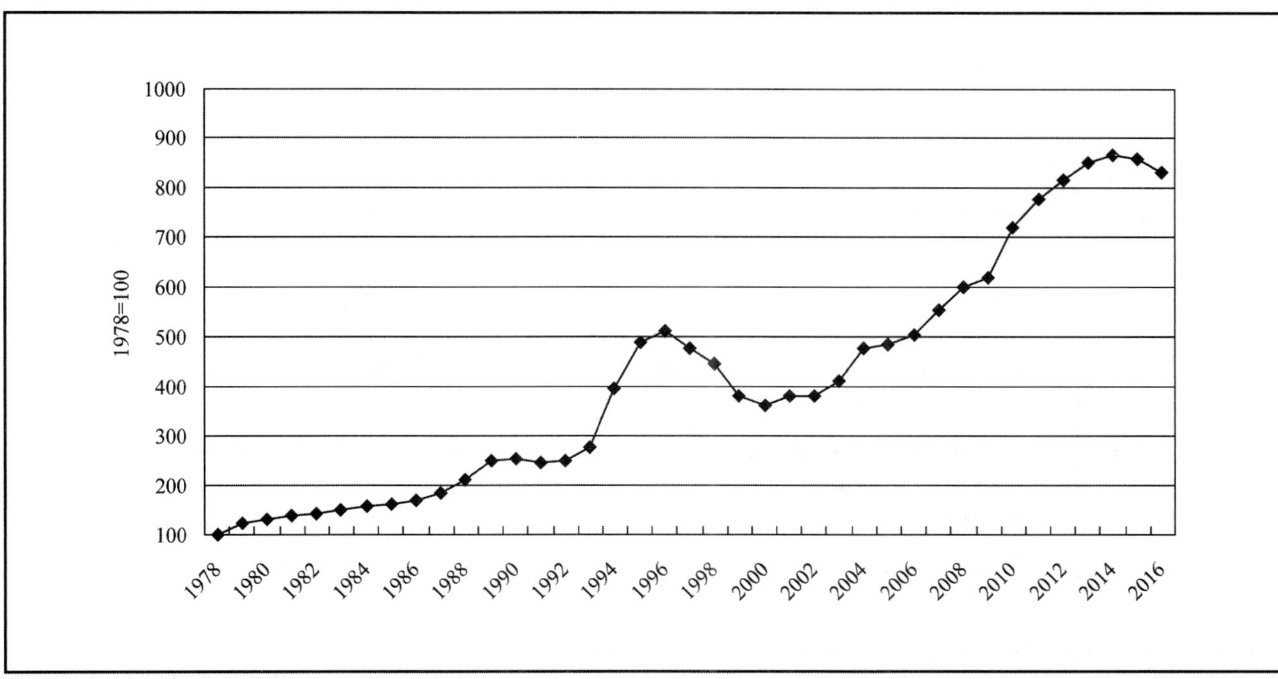

图 2　1978—2016 年种植业产品生产者价格指数

Annual Indices of Producer Prices of Crop Products
(1978—2016)

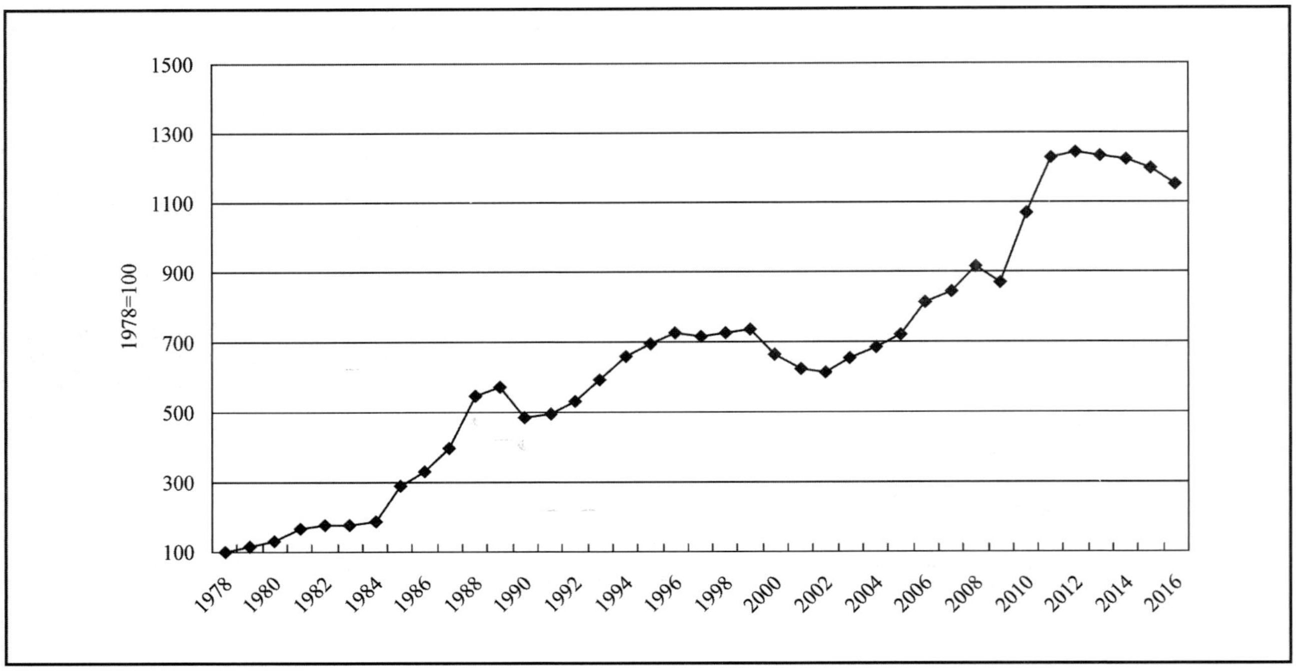

图 3 1978—2016 年林业产品生产者价格指数
Annual Indices of Producer Prices of Forestry Products (1978—2016)

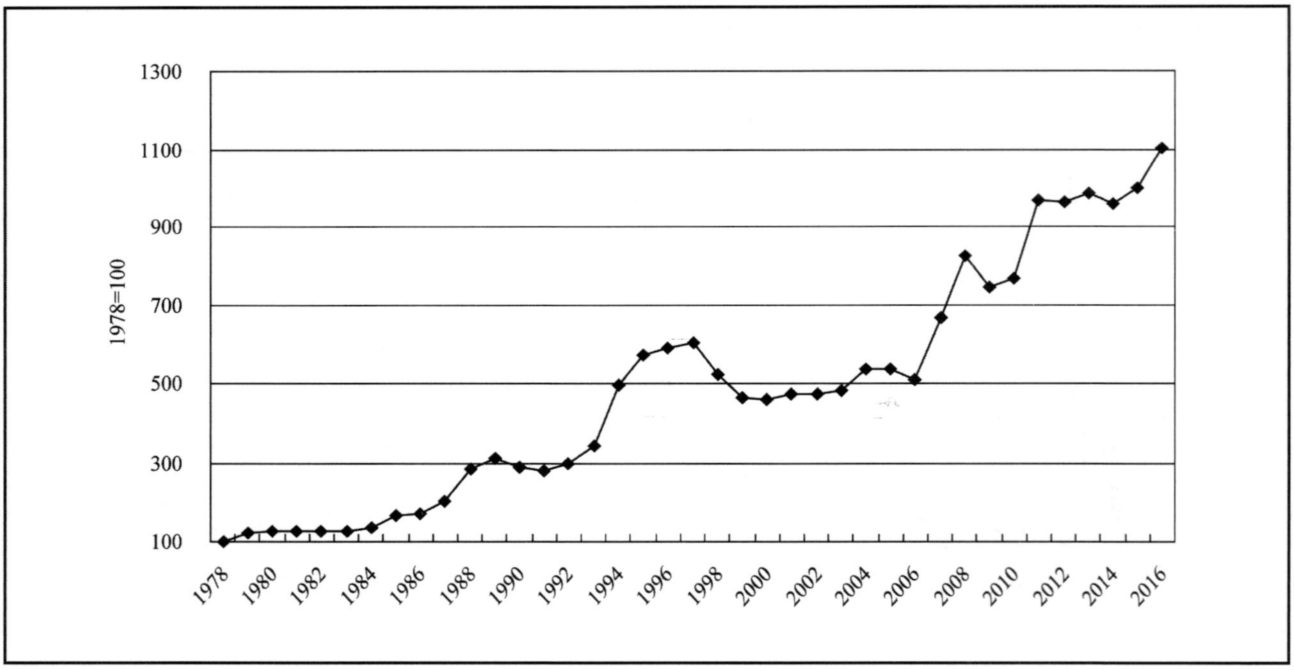

图 4 1978—2016 年饲养动物及其产品生产者价格指数
Annual Indices of Producer Prices of Livestock Products (1978—2016)

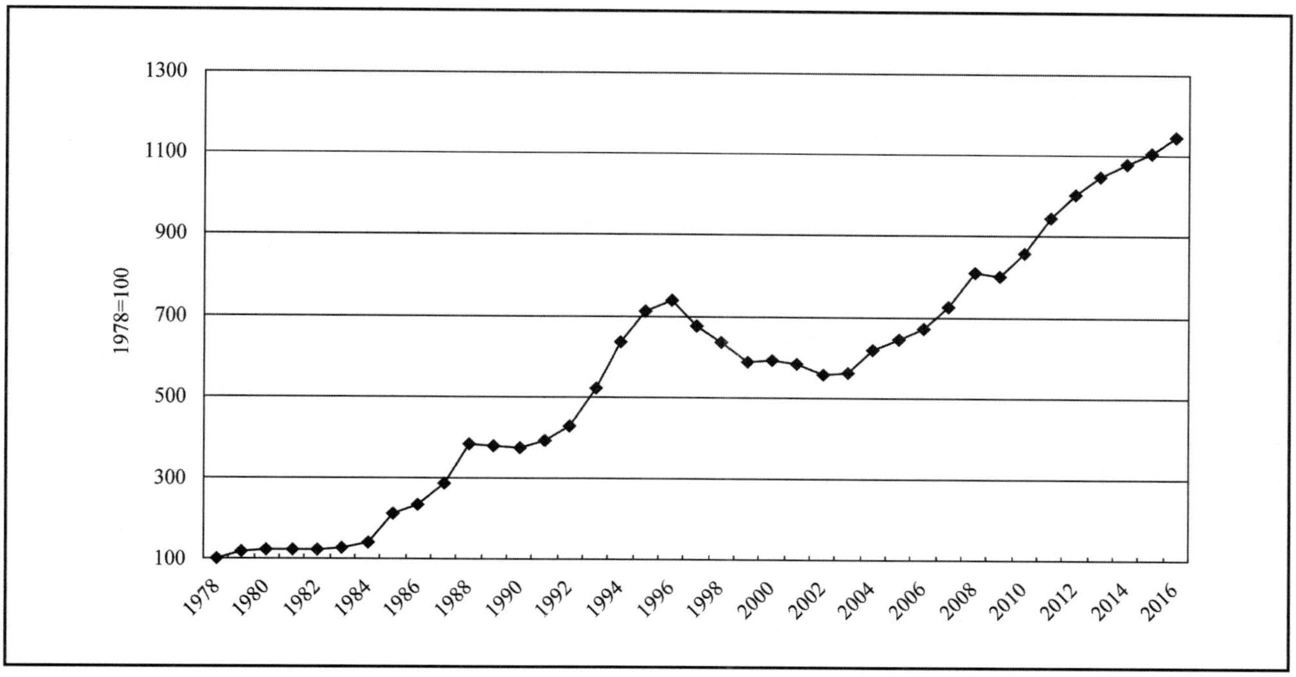

图 5　1978—2016 年渔业产品生产者价格指数
Annual Indices of Producer Prices of Fishery Products (1978—2016)

1-2 农产品集贸市场价格走势图

Chart of Prices of Agricultural Products at the Rural Market Fairs

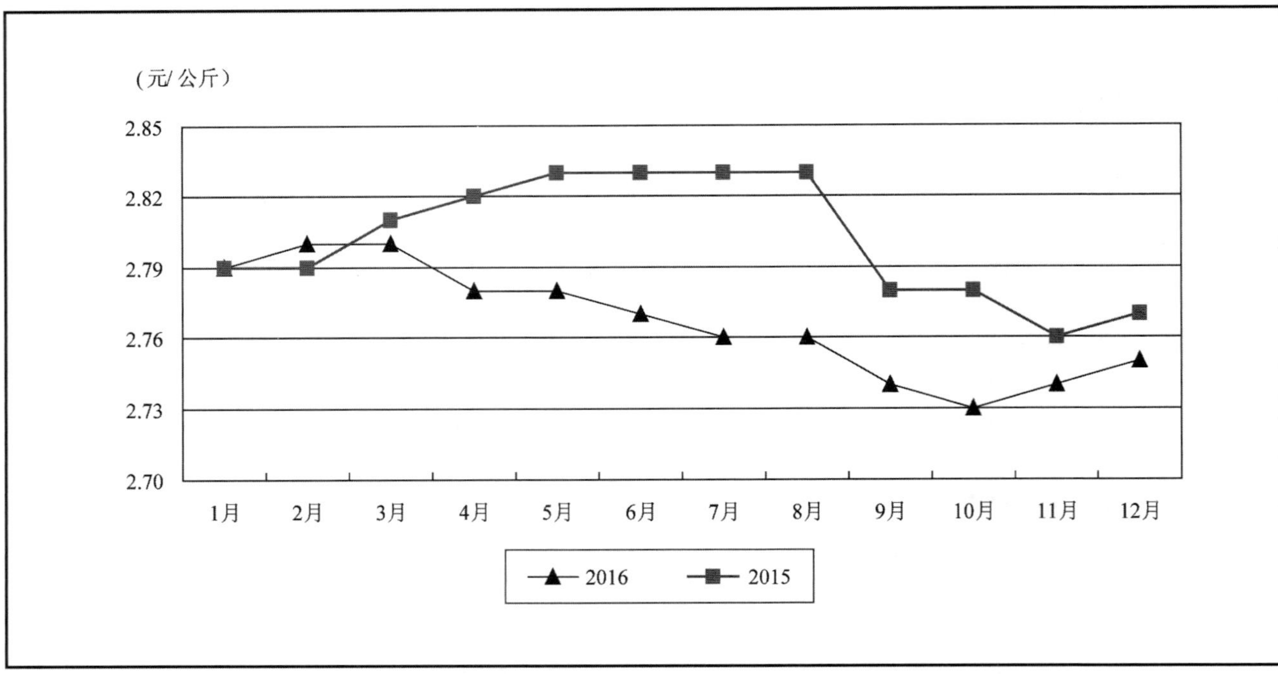

图 1 2016、2015 年籼稻价格走势
Monthly Price Movement of Long-grain Nonglutinous Rice in 2016, 2015

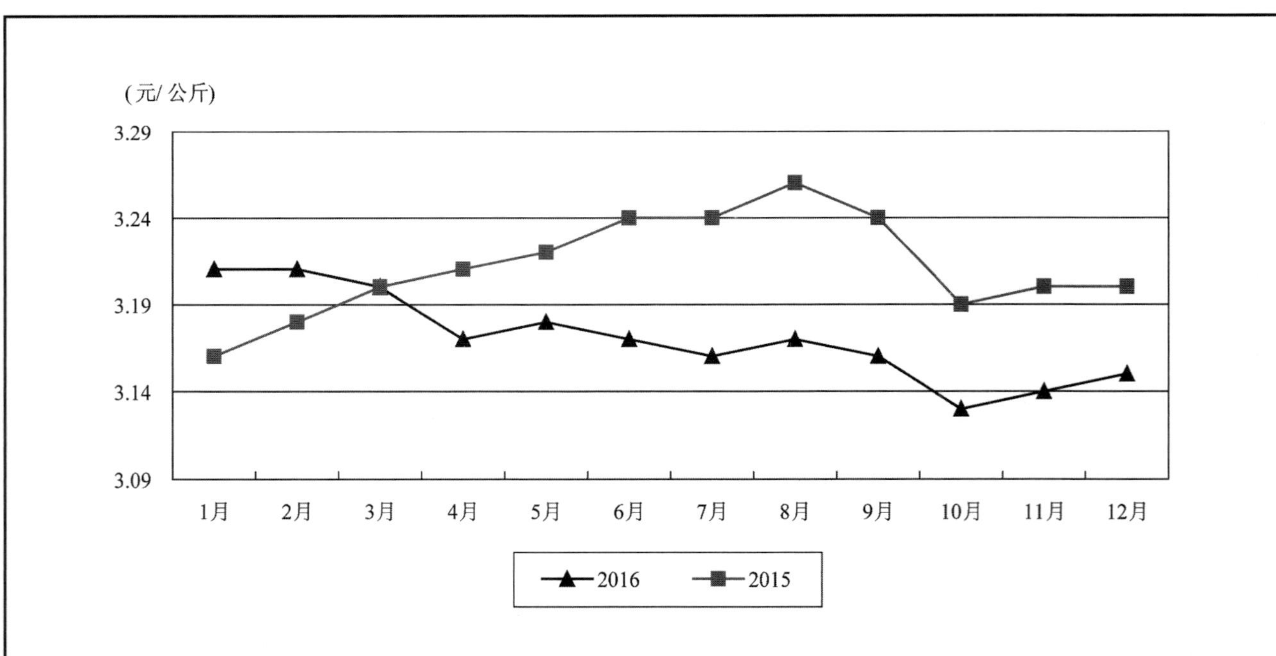

图 2 2016、2015 年粳稻价格走势
Monthly Price Movement of Medium to Short-grain Nonglutinous Rice in 2016, 2015

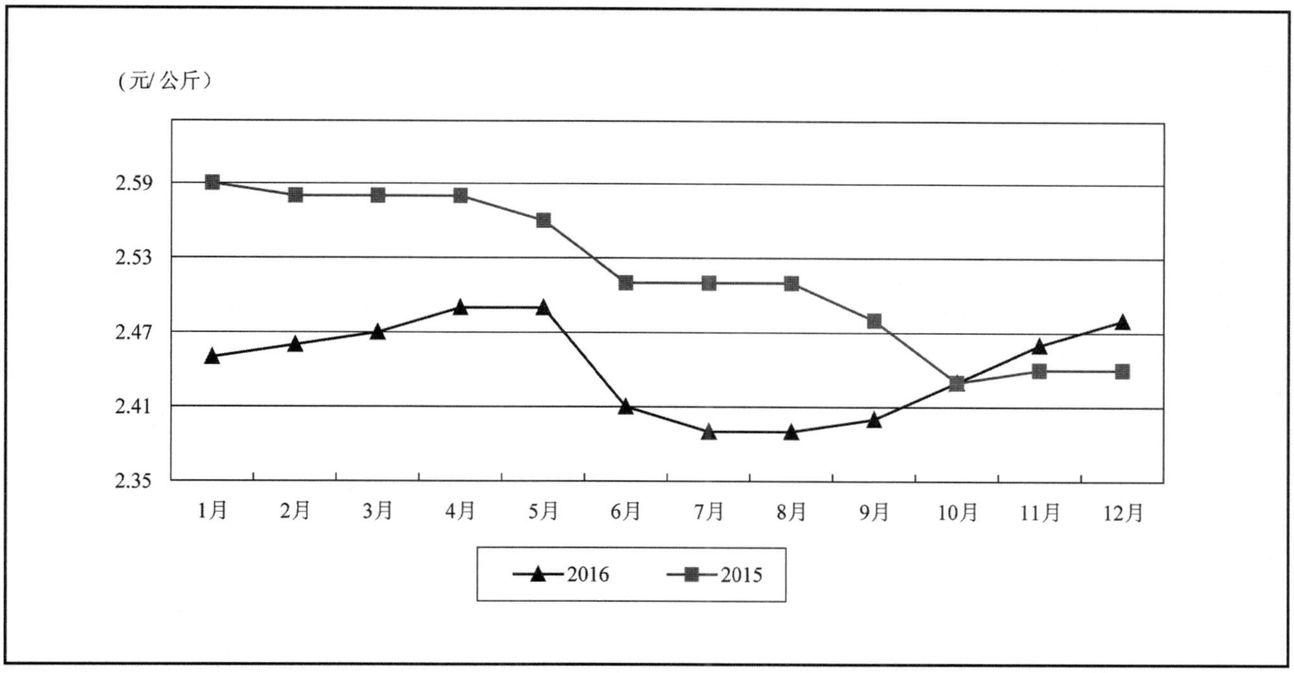

图 3　2016、2015 年小麦价格走势
Monthly Price Movement of Wheat in 2016, 2015

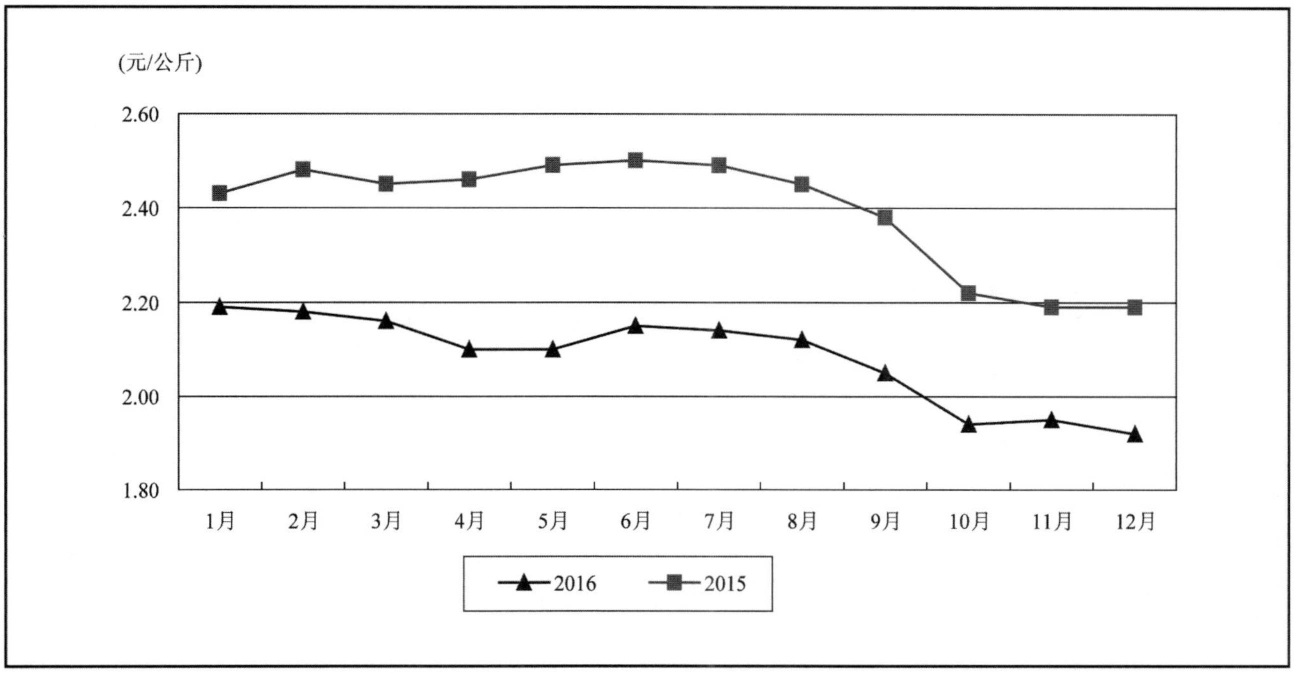

图 4　2016、2015 年玉米价格走势
Monthly Price Movement of Corn in 2016, 2015

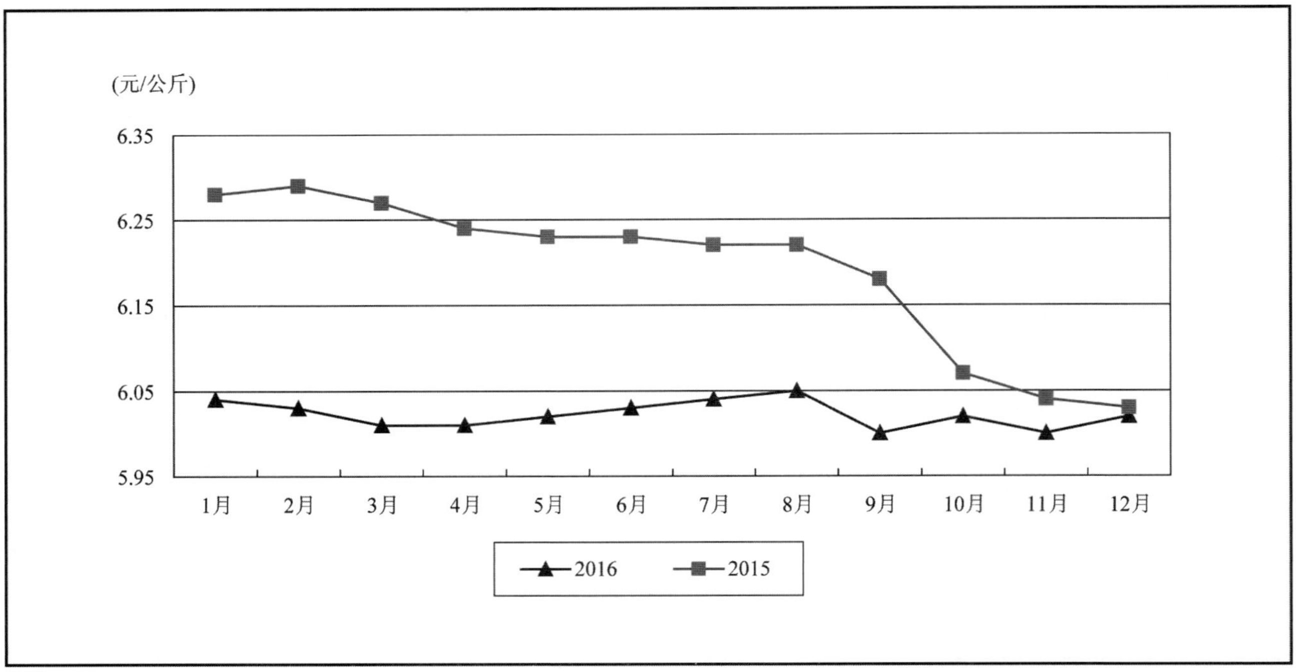

图 5　2016、2015 年大豆价格走势
Monthly Price Movement of Soybean in 2016, 2015

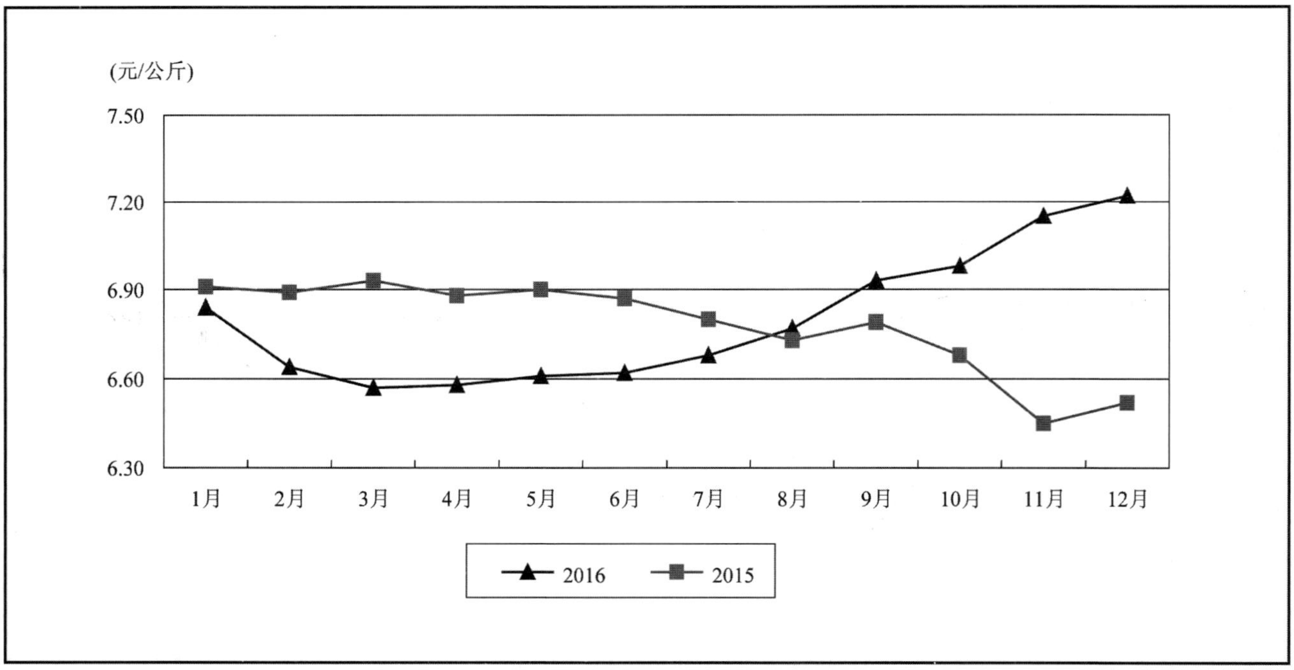

图 6　2016、2015 年棉花（籽棉）价格走势
Monthly Price Movement of Cotton(Unginned) in 2016, 2015

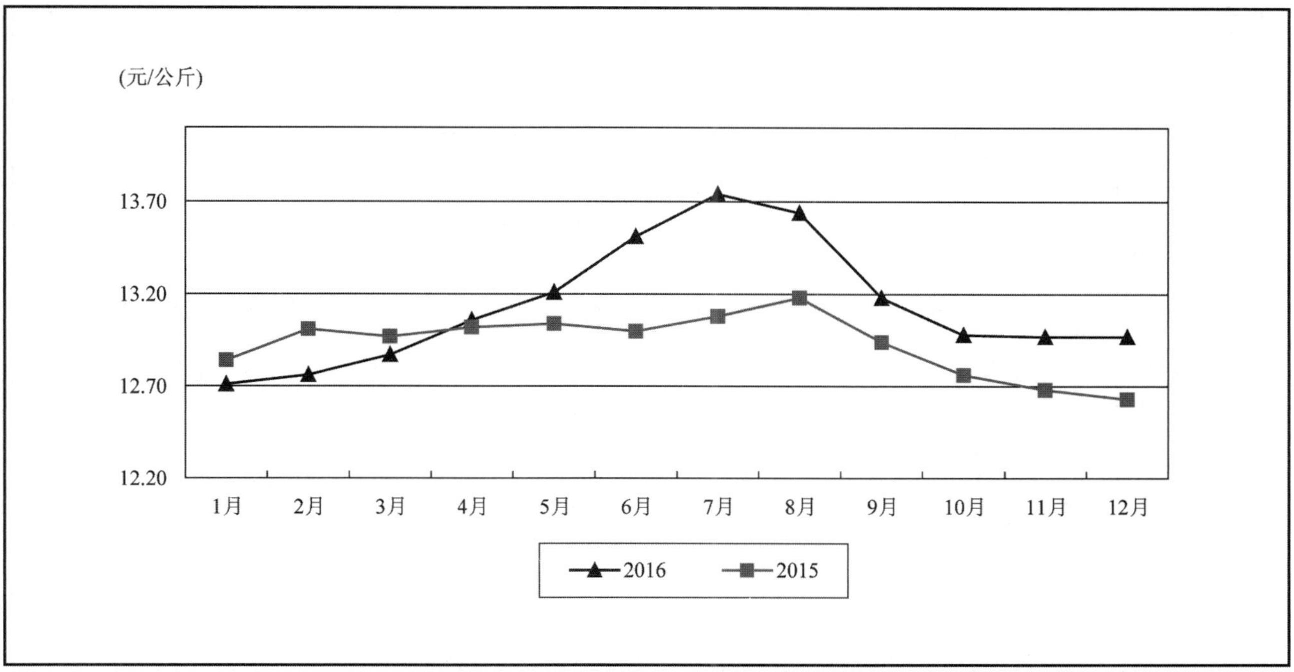

图 7　2016、2015 年花生仁价格走势

Monthly Price Movement of Peanut Kenel in 2016, 2015

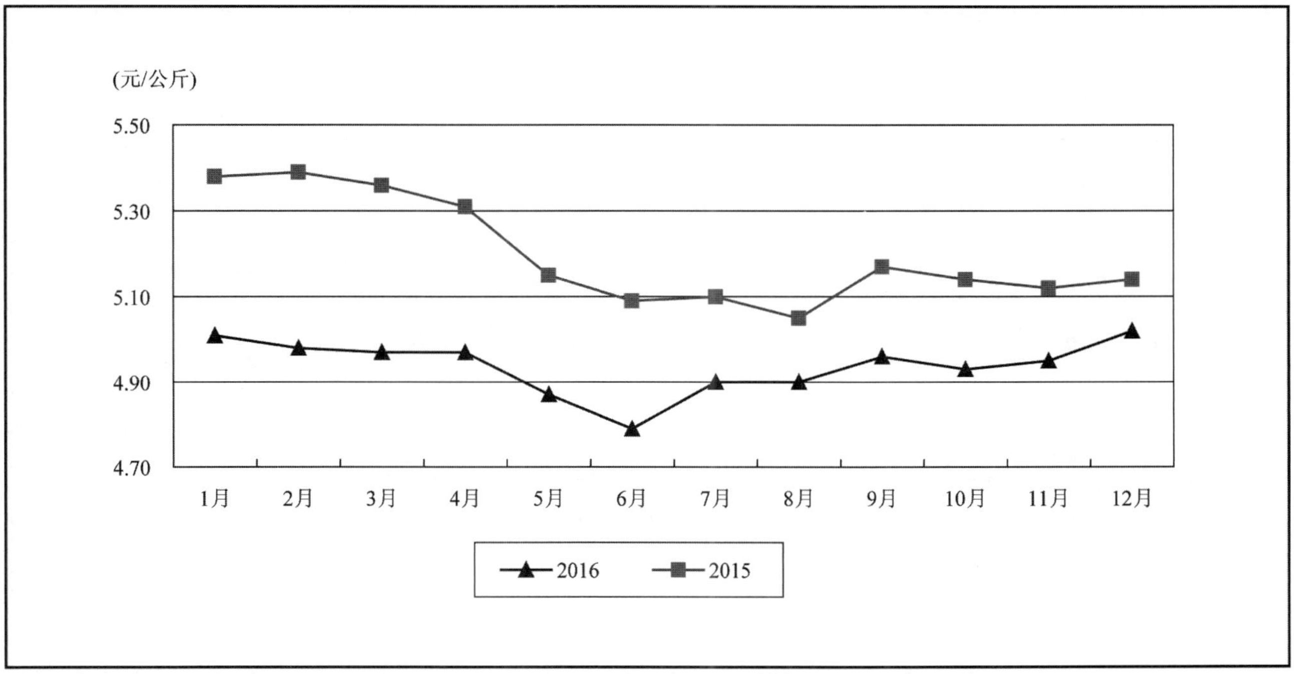

图 8　2016、2015 年油菜籽价格走势

Monthly Price Movement of Rapeseeds in 2016, 2015

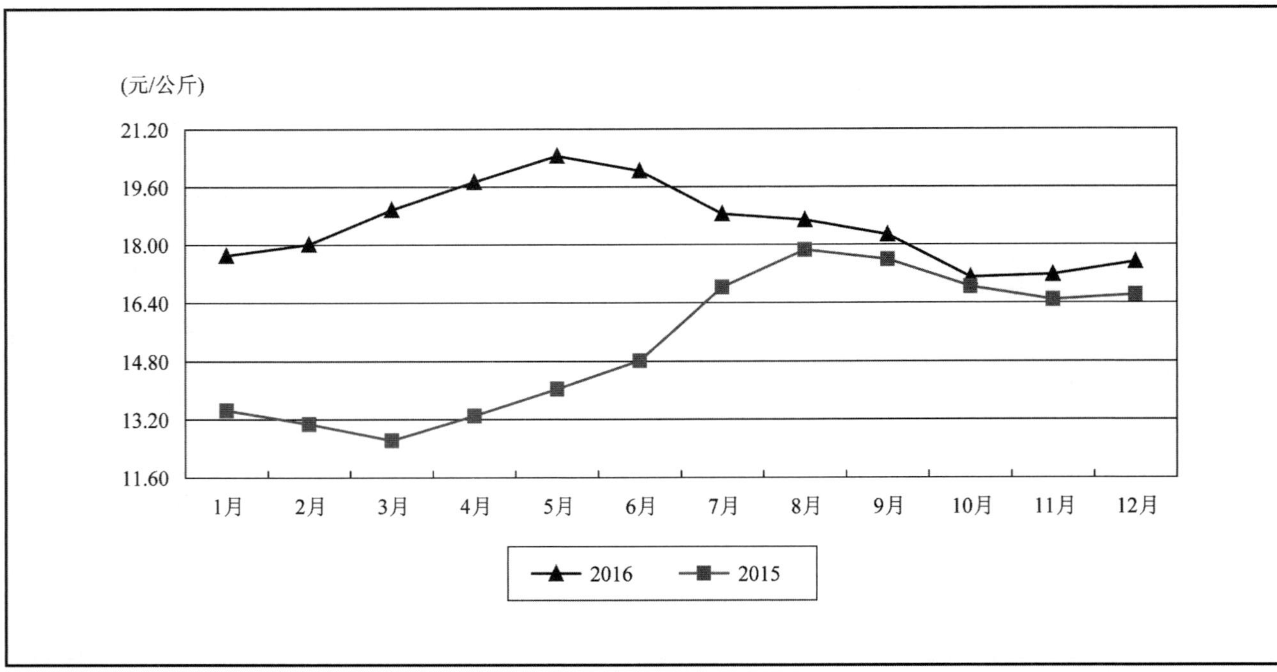

图 10　2016、2015 年活猪价格走势
Monthly Price Movement of Hog in 2016, 2015

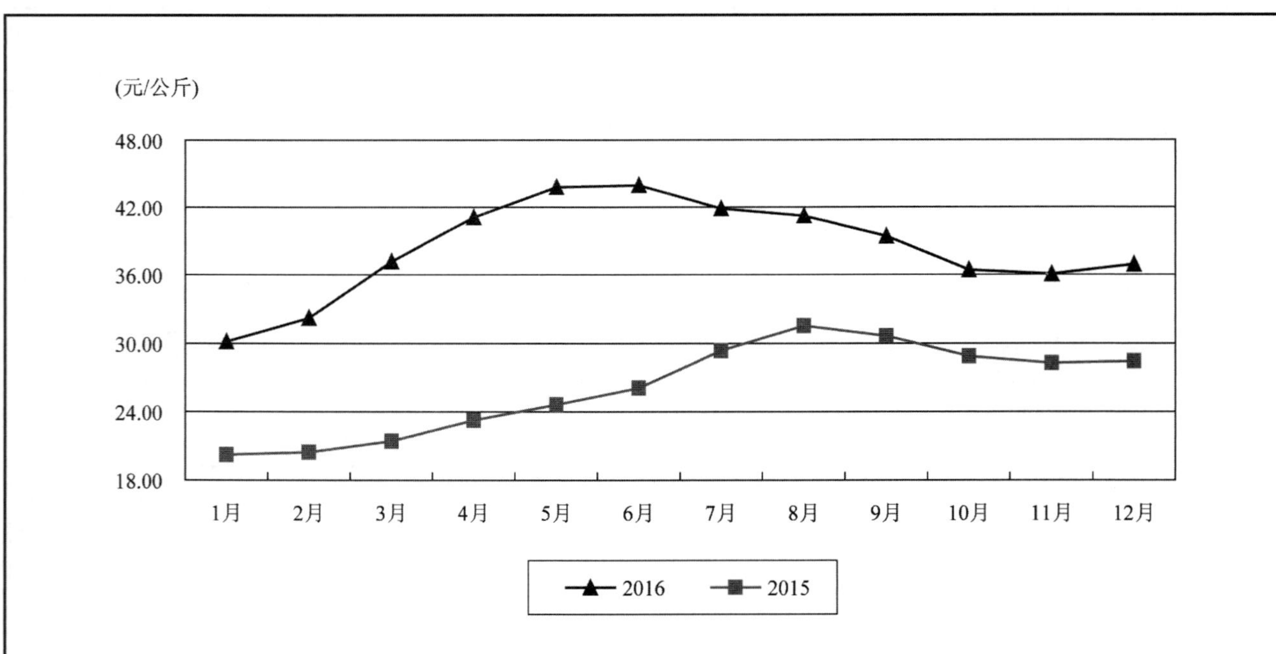

图 11　2016、2015 年仔猪价格走势
Monthly Price Movement of Piglet in 2016, 2015

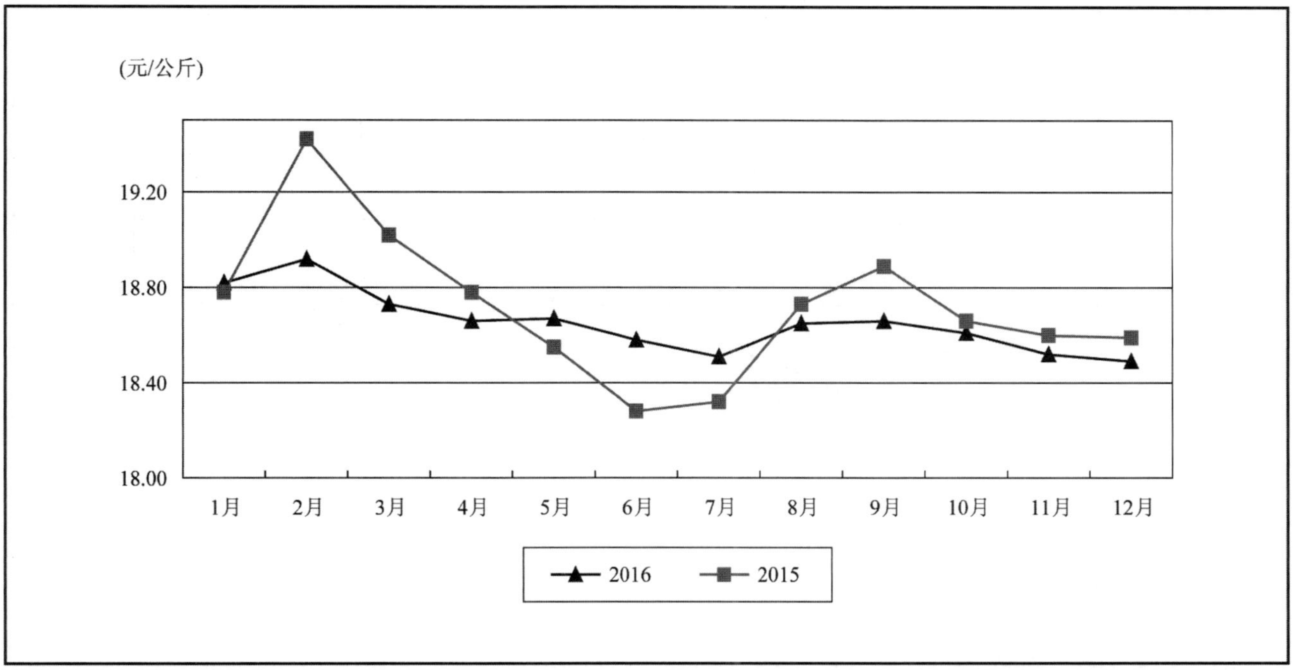

图 12　2016、2015 年活鸡价格走势
Monthly Price Movement of Live Chicken in 2016, 2015

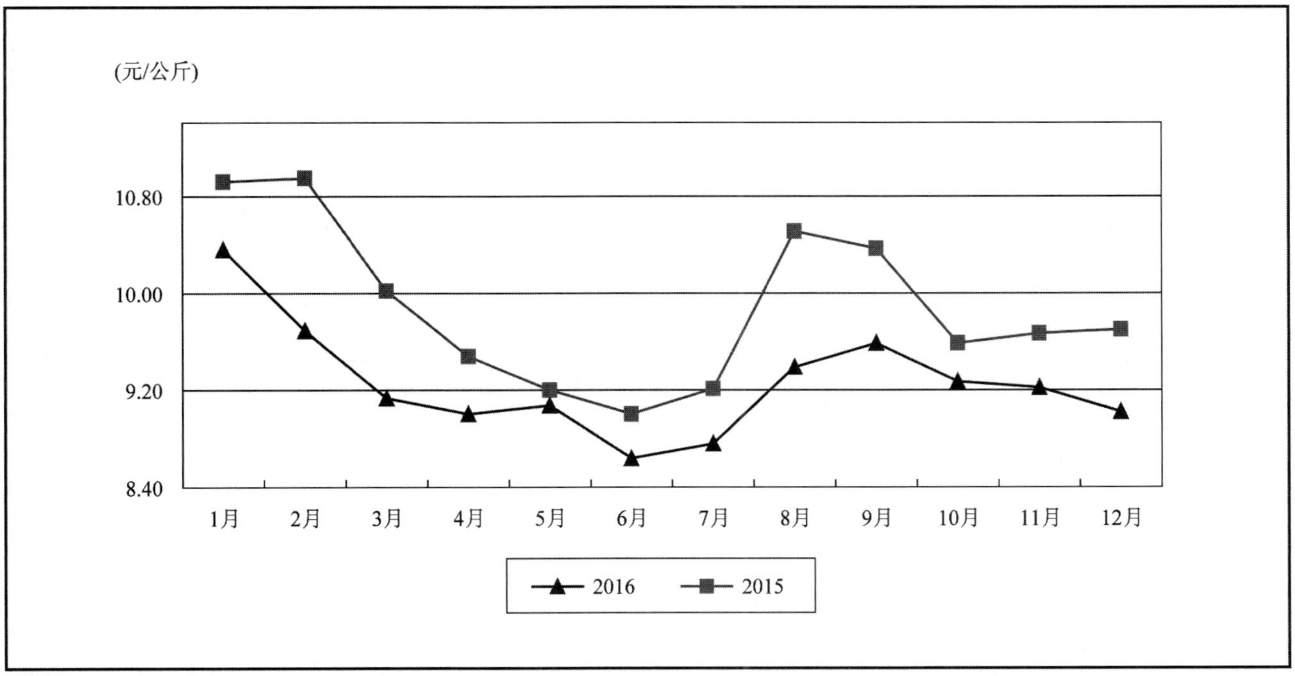

图 13　2016、2015 年鸡蛋价格走势
Monthly Price Movement of egg in 2016, 2015

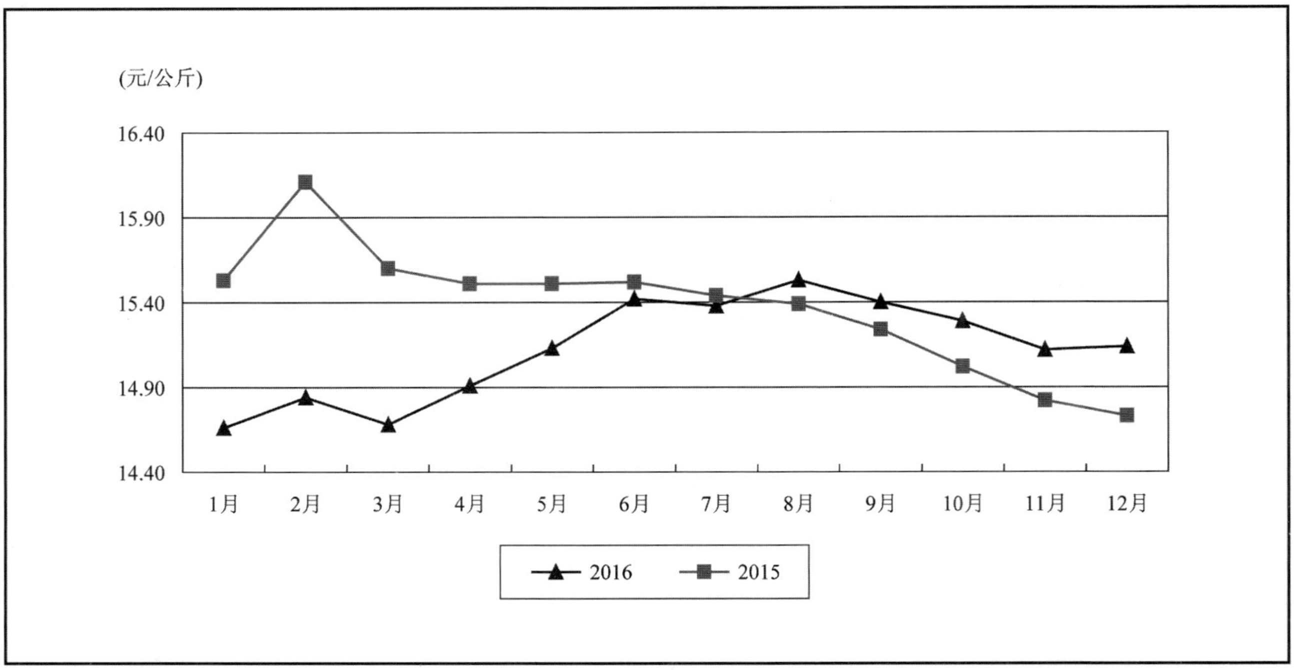

图 14　2016、2015 年草鱼价格走势
Monthly Price Movement of Grass Carp in 2016, 2015

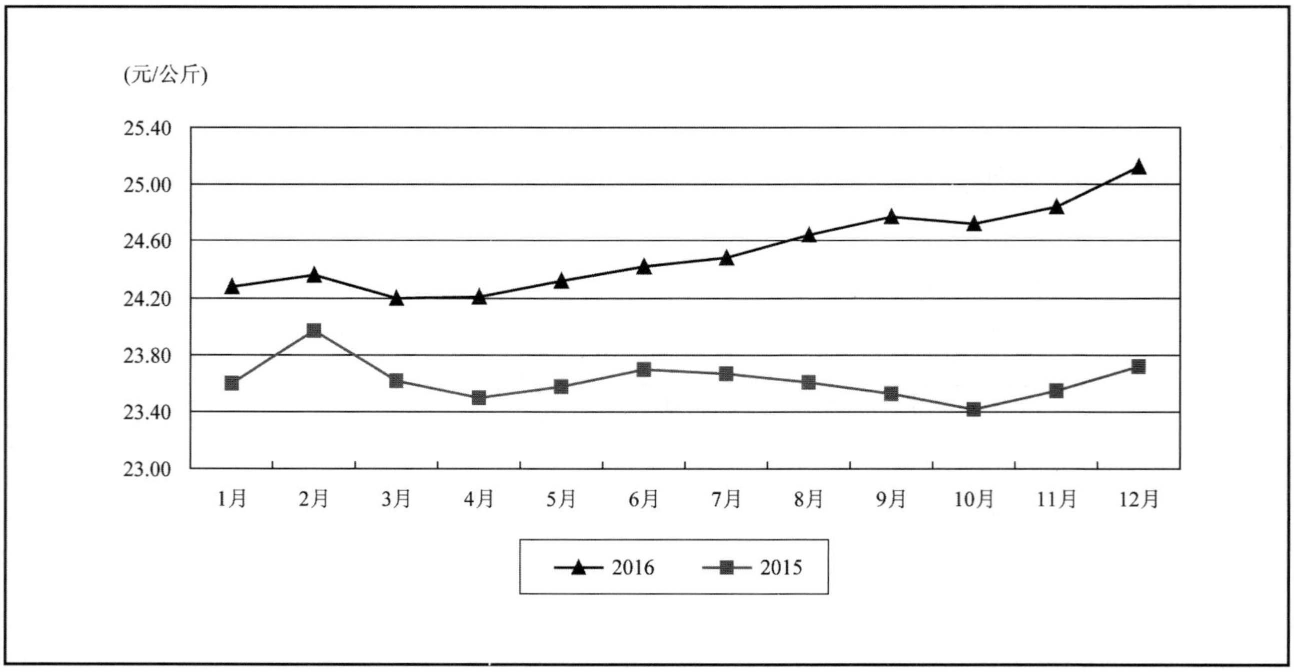

图 15　2016、2015 年带鱼价格走势
Monthly Price Movement of Hairtail in 2016, 2015

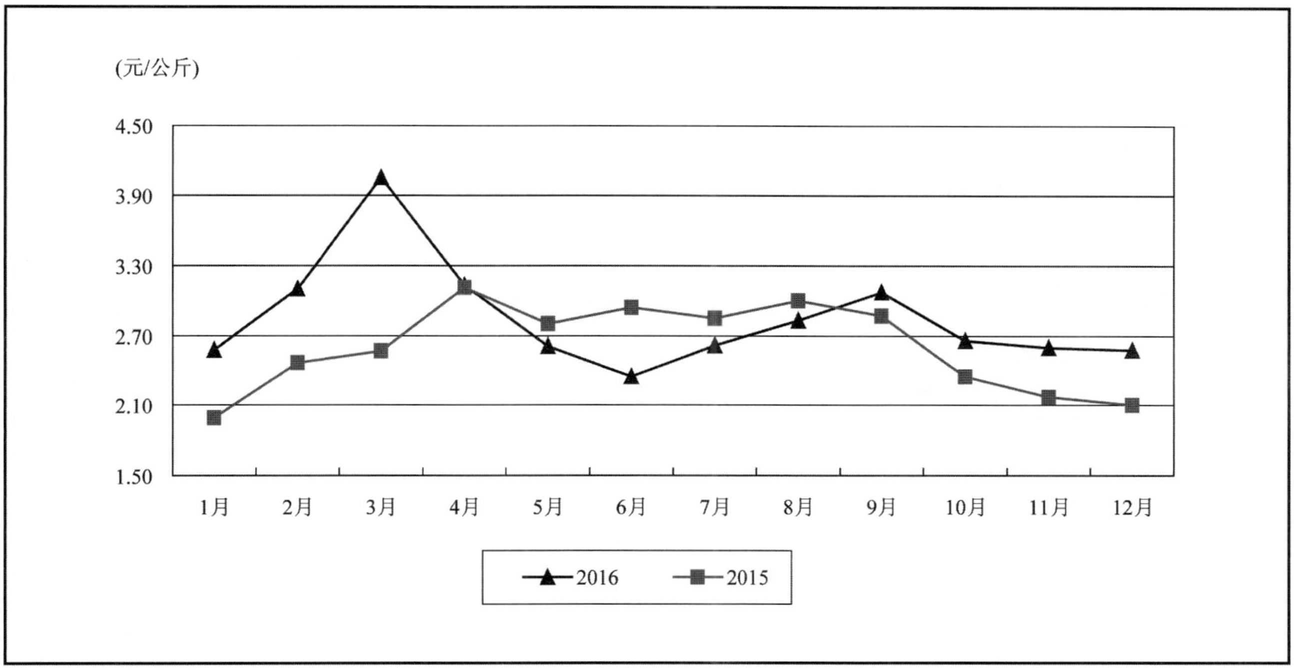

图 16　2016、2015 年大白菜价格走势
Monthly Price Movement of Chinese Cabbage in 2016, 2015

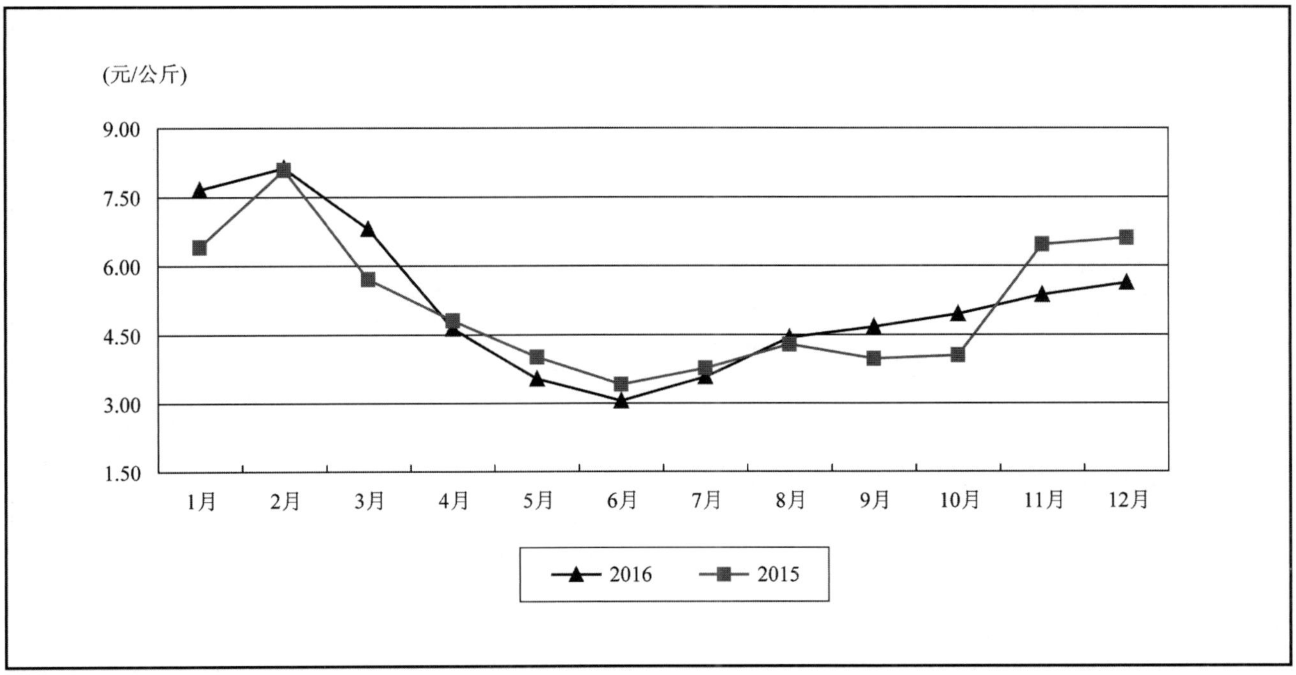

图 17　2016、2015 年黄瓜价格走势
Monthly Price Movement of Cucumber in 2016, 2015

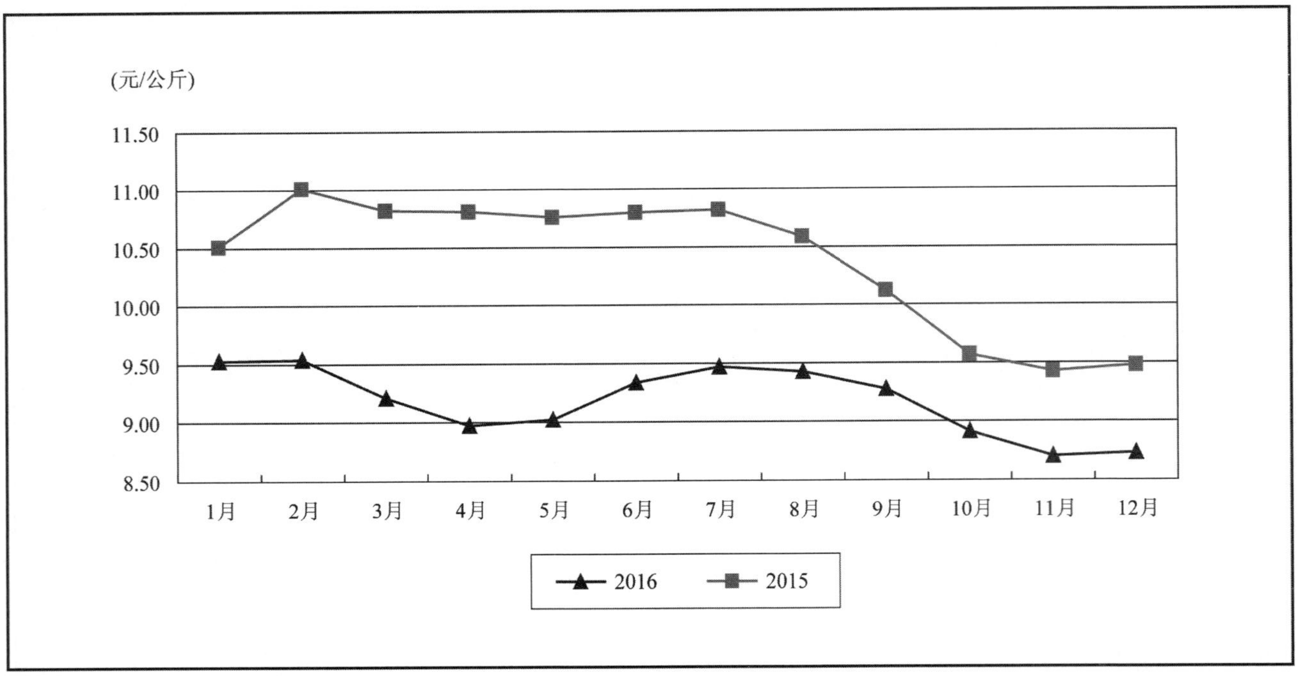

图 18　2016、2015 年红富士苹果价格走势
Monthly Price Movement of Hongfushi Apple in 2016, 2015

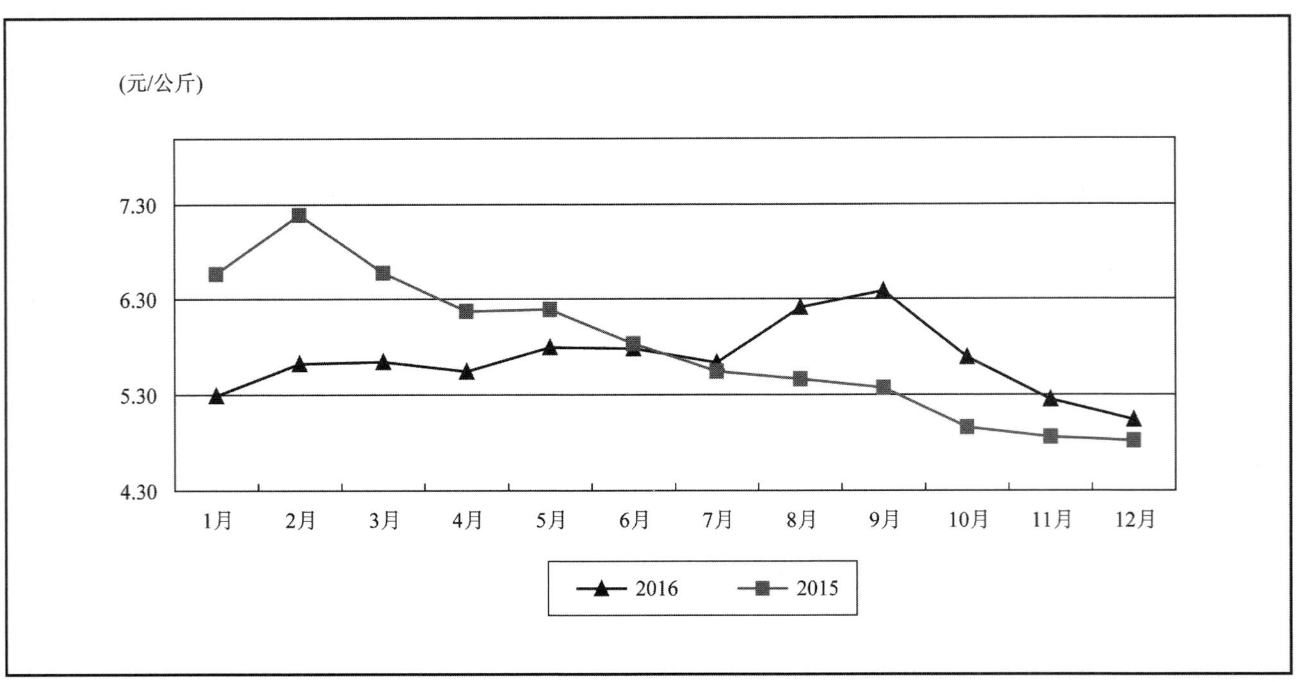

图 19　2016、2015 年香蕉价格走势
Monthly Price Movement of Banana in 2016, 2015

2

农产品生产者价格指数

Producer Prices Indices of Agricultural Products

2-1 全国农产品生产者价格总指数(上年为100)
Producer Price Indices of Agricultural Products

(上年=100) (preceding year=100)

年 份 Year	总指数 All	种植业产品 Crop Products	#粮食 Grain	林业产品 Forestry Products	饲养动物及其产品 Livestock Products	渔业产品 Fishery Products
1978	103.90	104.69	100.70	101.00	100.50	102.50
1979	122.10	122.39	130.50	115.00	122.60	118.20
1980	107.10	107.78	107.90	115.80	103.40	101.80
1981	105.90	106.09	109.70	127.00	101.10	100.60
1982	102.20	102.48	103.80	105.90	100.30	101.00
1983	104.40	105.74	110.30	100.20	100.50	103.20
1984	104.00	103.82	112.00	103.30	104.10	109.80
1985	108.60	101.66	101.80	155.50	124.10	151.30
1986	106.40	106.62	109.90	114.90	103.00	110.40
1987	112.00	108.83	108.00	120.30	117.90	122.80
1988	123.00	113.46	114.60	136.70	140.20	134.30
1989	115.00	118.90	126.90	105.20	110.20	99.80
1990	97.40	100.73	93.20	84.50	92.30	98.80
1991	98.00	97.31	93.80	102.40	97.40	104.70
1992	103.40	101.14	105.30	107.30	106.30	108.10
1993	113.40	112.05	116.70	111.10	114.20	122.10
1994	139.90	141.91	146.60	111.80	144.60	122.00
1995	119.90	123.95	129.00	105.10	115.80	112.40
1996	104.20	104.71	105.80	104.40	103.30	103.40
1997	95.50	92.81	90.20	98.90	101.80	91.70
1998	92.00	93.64	96.69	101.10	86.90	93.90
1999	87.80	85.75	87.09	101.40	88.50	92.50
2000	96.40	94.66	90.20	90.00	99.00	100.50
2001	103.10	105.65	107.61	94.15	103.07	98.57
2002	99.70	100.04	96.16	98.31	100.15	95.89
2003	104.37	107.42	104.48	107.01	101.76	100.34
2004	113.09	115.86	126.21	104.62	111.08	110.19
2005	101.39	101.55	99.08	104.79	100.52	104.67
2006	101.20	104.50	102.00	112.78	94.33	103.93
2007	118.49	109.82	110.26	104.37	131.36	108.05
2008	114.06	108.43	109.60	108.47	123.94	111.24
2009	97.60	102.88	103.67	94.88	90.13	99.01
2010	110.94	116.57	113.29	122.78	102.96	107.56
2011	116.45	107.83	109.03	114.92	126.20	110.04
2012	102.74	104.80	104.76	101.23	99.73	106.18
2013	103.22	104.25	103.60	99.09	102.40	104.32
2014	99.83	101.79	102.60	99.44	97.10	103.10
2015	101.67	99.22	98.71	97.88	104.23	102.45
2016	103.42	97.02	93.14	96.11	110.37	103.40

注：2000年以前农产品生产价格总指数为农产品收购价格指数，下同。
Note: The producer price indices of agricultural products prior to 2000 were purchase price indices of agricultural products and the same as below.

2-2 全国农产品生产者价格总指数(以1978年为100)
Producer Price Indices of Agricultural Products

(1978年=100) (1978=100)

年 份 Year	总指数 All	种植业产品 Crop Products	#粮食 Grain	林业产品 Forestry Products	饲养动物及其产品 Livestock Products	渔业产品 Fishery Products
1978	100.00	100.00	100.00	100.00	100.00	100.00
1979	122.10	122.39	130.50	115.00	122.60	118.20
1980	130.77	131.91	140.81	133.17	126.77	120.33
1981	138.48	139.95	154.47	169.13	128.16	121.05
1982	141.53	143.43	160.34	179.10	128.55	122.26
1983	147.76	151.66	176.85	179.46	129.19	126.17
1984	153.67	157.45	198.07	185.38	134.49	138.54
1985	166.88	160.07	201.64	288.27	166.90	209.61
1986	177.56	170.67	221.60	331.23	171.91	231.41
1987	198.87	185.74	239.33	398.46	202.68	284.17
1988	244.61	210.74	274.27	544.70	284.15	381.64
1989	281.31	250.56	348.05	573.03	313.14	380.87
1990	273.99	252.39	324.39	484.21	289.02	376.30
1991	268.51	245.61	304.27	495.83	281.51	393.99
1992	277.64	248.40	320.40	532.02	299.24	425.90
1993	314.85	278.33	373.91	591.08	341.74	520.03
1994	440.47	394.97	548.15	660.83	494.15	634.43
1995	528.12	489.56	707.11	694.53	572.23	713.10
1996	550.30	512.61	748.12	725.09	591.11	737.35
1997	525.54	475.75	674.80	717.11	601.75	676.15
1998	483.50	445.50	652.50	725.00	522.92	634.90
1999	424.51	382.02	568.29	735.15	462.79	587.28
2000	409.23	361.61	512.60	661.63	458.16	590.22
2001	421.91	382.03	551.60	622.93	472.22	581.78
2002	420.65	382.19	530.42	612.40	472.93	557.87
2003	439.03	410.55	554.19	655.33	481.26	559.77
2004	496.50	475.66	699.44	685.61	534.58	616.81
2005	503.40	483.03	693.00	718.45	537.36	645.61
2006	509.44	504.77	706.86	810.26	506.89	670.98
2007	603.64	554.34	779.39	845.67	665.85	725.00
2008	688.53	601.07	854.21	917.30	825.26	806.49
2009	672.01	618.38	885.56	870.34	743.80	798.50
2010	745.52	720.85	1003.24	1068.60	765.82	858.87
2011	868.16	777.27	1093.83	1228.08	966.45	945.08
2012	891.99	814.59	1145.90	1243.19	963.83	1003.51
2013	920.72	849.21	1187.15	1231.88	986.96	1046.86
2014	919.15	864.41	1218.02	1224.98	958.34	1079.31
2015	934.50	857.67	1202.31	1199.01	998.88	1105.76
2016	966.45	832.11	1119.85	1152.40	1102.47	1143.37

2-3 全国主要农产品生产者价格指数
Producer Price Indices of Main Agricultural Products

(上年=100) (preceding year=100)

农产品名称	Categories of agricultural products	2002	2005	2010	2013	2014	2015	2016
生产价格总指数	All	99.70	101.39	110.94	103.22	99.83	101.67	103.42
种植业产品	Crop Products	100.04	101.55	116.57	104.25	101.79	99.22	97.02
粮食	Grain	96.16	99.08	113.29	103.60	102.60	98.71	93.14
谷物	Cereal (unprocessed food grains)	95.83	99.23	112.79	103.12	102.67	98.67	92.17
小麦	Wheat	98.14	96.41	107.86	106.73	105.09	99.23	94.08
稻谷	Paddy	97.17	101.57	112.82	102.23	102.18	101.57	98.80
玉米	Maize (corn)	91.50	97.97	116.07	100.20	101.74	96.46	86.76
豆类	Beans	98.11	95.70	110.43	105.66	102.39	98.93	97.91
大豆	Soybeans	98.95	94.24	107.85	105.74	101.75	99.03	97.56
薯类	Potato	93.71	106.14	130.24	111.50	102.71	99.31	105.75
油料	Oil-bearing crops	104.82	91.33	112.05	102.38	99.85	100.84	101.05
棉花	Cotton (unginned cotton)	103.35	111.82	157.66	103.85	87.08	87.52	118.43
糖料	Sugar crops	86.01	111.57	106.03	98.85	99.74	98.75	106.54
烟叶	Tobacco	132.78	103.26	105.79	110.66	104.82	100.55	94.96
蔬菜	Vegetable	95.06	107.22	116.80	106.85	98.48	104.55	106.96
水果	fruits	109.91	107.41	118.85	106.24	106.40	99.65	92.52
茶叶	Tea		110.22	120.38	100.47	105.49	98.66	99.37
林业产品	Forestry products	98.31	104.79	122.78	99.09	99.44	97.88	96.11
木材	Felling and transport of wood		103.17	103.19	97.78	104.68	101.16	93.61
竹材	Felling and transport of bamboo		103.67	108.03	101.86	100.23	97.31	96.30
胶脂和果实类	Products of natural and artificial forest	110.48	105.76	132.04	89.03	85.09	86.85	98.01
饲养动物及其产品	Livestock products	100.15	100.52	102.96	102.40	97.10	104.23	110.37
猪(毛重)	Hog (gross weight)	97.96	97.58	98.33	99.28	92.18	108.85	119.39
牛(毛重)	Live cattle (gross weight)	91.44	101.66	104.70	113.08	104.41	99.08	98.73
羊(毛重)	Live sheep		101.70	108.67	109.13	100.83	89.40	93.58
肉禽	Poultry	106.09	105.61	106.99	103.21	104.36	101.27	99.60
禽蛋	Eggs	102.80	106.38	107.51	105.80	105.69	96.85	94.33
奶类	Milk products	99.71	99.62	115.25	110.96	107.92	92.22	96.15
毛绒类	Hair and down products	80.11	106.51	128.86	103.35	98.44	98.10	91.74
渔业产品	Fishery products	95.89	104.67	107.56	104.32	103.10	102.45	103.40
海水养殖产品	Marine aquacultural products				100.73	101.94	101.00	104.15
海水捕捞产品	Marine fishing products				107.67	103.14	105.97	106.18
淡水养殖产品	Freshwater aquacultural products				104.65	103.82	102.05	101.99
淡水捕捞产品	Freshwater fishing products				103.48	101.46		

2-4 全国主要农产品分季度生产者价格指数

(上年同期=100)

年 Year	季 Quarter	生产价格总指数 Producer Price Index of Agricultural Products	种植业产品 Planting Products	粮食 Grain	谷物 Cereal	小麦 Wheat	稻谷 Rice	玉米 Corn	豆类 Beans	大豆 Soy Bean
2014	I	98.8	102.6	101.6	101.4	108.4	100.8	100.8	102.0	102.3
	II	100.3	100.7	101.3	101.1	105.8	102.3	99.1	101.8	100.6
	III	100.3	101.4	103.9	104.0	104.3	103.2	103.9	104.1	103.3
	IV	98.4	99.0	102.3	102.6	102.2	102.3	103.0	101.9	100.8
2015	I	99.3	100.4	101.7	101.8	103.7	102.4	101.3	101.5	100.8
	II	101.5	100.5	101.4	101.6	101.4	102.6	101.3	101.6	102.2
	III	104.1	100.0	98.1	97.9	96.8	101.5	96.1	99.6	99.6
	IV	101.2	96.3	94.3	94.3	94.2	99.4	87.1	93.5	94.0
2016	I	106.7	95.8	91.5	90.4	93.8	99.4	85.3	96.6	97.0
	II	107.7	95.5	91.2	89.0	91.4	98.1	84.7	98.8	98.8
	III	100.4	97.3	94.3	94.1	95.8	97.5	86.7	98.1	97.2
	IV	101.5	101.5	97.0	96.4	98.8	99.5	91.4	99.5	97.3

2-4 续表

年 Year	季 Quarter	林业产品 Forest Products	木材 Timber	竹材 Bamboo	胶脂和果实类林产品 Rubber, Resin, Fruits and Nuts	饲养动物及其产品 Livestock Products	猪(毛重) Hogs (Gross Weight)	牛(毛重) Cattle (Gross Weight)	羊(毛重) Sheep (Gross Weight)	家禽(毛重) Poultry (Gross Weight)
2014	I	99.5	104.8	99.4	90.9	94.0	88.9	104.2	110.8	100.7
	II	99.4	105.8	101.4	86.7	98.5	92.0	107.6	102.4	106.8
	III	103.2	108.2	100.9	85.9	98.8	95.3	105.0	96.6	106.5
	IV	97.9	104.0	100.3	74.1	97.0	92.9	101.4	93.5	103.9
2015	I	97.6	101.6	95.7	89.0	97.6	96.4	99.8	90.4	103.2
	II	96.5	99.6	98.7	90.5	102.2	105.9	99.7	90.7	99.6
	III	100.6	105.9	98.5	84.0	109.4	119.4	98.9	86.3	99.5
	IV	94.7	94.2	95.8	87.8	106.2	112.9	98.6	90.6	103.0
2016	I	94.5	95.1	94.8	95.2	119.6	132.0	98.5	86.9	100.7
	II	96.9	100.8	96.1	93.6	121.4	138.1	102.1	94.9	99.7
	III	92.2	89.1	97.5	93.8	103.8	109.9	97.2	93.2	99.2
	IV	101.2	99.1	97.1	115.3	100.6	102.7	97.3	99.7	98.8

Producer Price Indices of Agricultural Products by Quarter

(the same period of preceding year=100)

薯类 Tubers	油料 Oil-bearing Crops	棉花 Cotton	糖料 Sugar Crops	烟叶 Tobacco	蔬菜 Vegetables	水果 Fruits	茶叶 Tea	年 Year	季 Quarter
109.3	96.7	102.5	102.1	109.3	100.6	112.2	107.4	2014	I
106.1	98.5	100.3	96.3	110.9	96.6	106.9	106.8		II
97.5	100.1			101.0	97.4	98.1	103.5		III
96.8	102.2	70.7	99.1	101.4	98.2	104.2	102.7		IV
98.5	103.4	77.8	97.5	100.3	103.0	108.5	100.0	2015	I
93.9	100.3	85.9	94.5	99.3	103.8	92.1	99.4		II
105.2	98.4			100.8	108.4	97.9	98.3		III
98.6	100.9	92.7	107.5	102.3	103.6	93.8	95.9		IV
105.9	97.7	93.2	101.6	97.2	116.6	80.2	98.6	2016	I
119.9	99.9	87.4	101.7	89.4	104.7	95.8	98.2		II
90.9	100.4			96.1	96.6	102.6	100.3		III
103.5	101.3	121.6	116.3	97.5	108.9	98.6	102.0		IV

continued

禽蛋 Poultry Eggs	奶类 Milk	毛绒类 Wool	渔业产品 Fishery Products	海水养殖产品 Marine Aquacultural Products	海水捕捞产品 Marine Fishing Products	淡水养殖产品 Freshwater Aquacultural Products	淡水捕捞产品 Freshwater Fishing Products	年 Year	季 Quarter
98.6	118.4	103.1	103.3	99.6	104.5	104.8	101.0	2014	I
107.9	115.3	94.2	105.6	104.9	106.3	105.8	104.2		II
110.7	103.7	90.7	100.1	98.3	98.6	102.1	96.1		III
110.4	96.8	98.3	101.0	104.1	100.1	99.5	106.1		IV
104.1	90.3	106.9	103.0	99.0	108.6	102.3		2015	I
95.0	91.8	95.0	104.3	103.0	107.2	104.3			II
96.5	92.6	105.5	101.3	105.4	103.1	99.2			III
93.0	94.4	90.4	102.1	100.2	104.6	102.4			IV
93.7	95.4	97.5	100.3	102.5	105.5	98.5		2016	I
95.8	95.3	100.3	104.1	104.5	108.2	102.5			II
91.8	95.6	91.1	103.3	102.5	104.5	103.5			III
95.4	98.9	97.6	103.5	105.6	103.8	102.5			IV

2-5 全国分品种农产品生产者价格指数
Producer Price Indices of Agricultural Products by Category

(上年=100) (preceding year=100)

农产品名称	Categories of agricultural products	2011	2012	2013	2014	2015	2016
总指数	**All**	**116.45**	**102.74**	**103.22**	**99.83**	**101.67**	**103.42**
一、农业产品	I. Crop products	107.83	104.80	104.25	101.79	99.22	97.02
粮食	Grain	109.03	104.76	103.60	102.60	98.71	93.14
谷物	Cereal (unprocessed food grains)	109.68	104.81	103.12	102.67	98.67	92.17
稻谷	Paddy	113.28	104.09	102.23	102.18	101.57	98.80
早籼稻	Early long grained nonglutinous rice	117.02	105.91	101.89	102.52	98.88	98.55
晚籼稻	Late long grained nonglutinous rice	115.27	106.69	101.82	102.17	102.00	98.96
中籼稻	Medium long grained nonglutinous rice	115.66	102.84	100.74	101.86	101.83	100.00
粳稻	Round- grained rice	108.82	102.79	102.83	102.05	102.64	98.69
小麦	Wheat	105.18	102.86	106.73	105.09	99.23	94.08
硬质小麦	Hard-grained wheat	105.75	103.15	107.44	103.77	100.00	96.19
软质小麦	Soft-grained wheat	107.58	101.00	103.24	103.11	97.83	93.78
玉米	Maize (corn)	109.89	106.60	100.20	101.74	96.46	86.76
白玉米	White maize	105.39	103.96	103.31	101.59	96.76	90.86
黄玉米	Yellow maize	110.22	106.71	99.88	101.75	96.44	86.47
薯类	Potato	104.51	102.90	111.50	102.71	99.31	105.75
马铃薯	White potato	99.73	108.29	116.48	102.04	96.74	105.56
甘薯	Sweet potato	117.96	101.68	101.20	104.90	103.28	105.81
油料	Oil-bearing crops	112.08	105.18	102.38	99.85	100.84	101.05
花生	Peanut	114.35	108.08	98.88	96.22	101.95	101.74
油菜籽	Rapeseeds	108.31	105.17	104.60	101.33	99.58	100.42
芝麻	Sesame	99.39	101.21	105.42	104.18	100.07	94.53
豆类	Beans	104.98	103.01	105.66	102.39	98.93	97.91
大豆	Soybeans	106.34	105.68	105.74	101.75	99.03	97.56
绿豆	Mung beans	111.35	83.42	105.18	106.35	98.33	100.05
棉花	Cotton	79.52	98.09	103.85	87.08	87.52	118.43
籽棉	Unginned cotton	79.39	98.08	103.85	87.08	87.52	118.43
生麻	Fiber crops	108.11	103.15	92.82	110.32	105.11	100.04
生苎麻	Ramie	107.83	102.36	92.82	110.32	106.81	101.98
糖料	Sugar crops	125.46	105.00	98.85	99.74	98.75	106.54
甘蔗	Sugarcane	127.47	105.66	97.96	99.90	98.57	106.90
甜菜	Beet	122.42	101.31	102.08	97.59	102.00	100.00

2-5 续表 1 continued 1

农产品名称	Categories of agricultural products	2011	2012	2013	2014	2015	2016
未加工烟草	Tobacco	111.47	111.74	110.66	104.82	100.55	94.96
未去梗烤烟叶	Flue-cured tobacco	112.44	114.75	108.78	104.24	103.34	99.57
未去梗晒烟叶	Sun-cured tobacco	111.37	109.09	112.53	105.39	97.75	90.35
蔬菜及食用菌	Vegetable and mushroom	103.93	108.44	105.77	98.80	103.65	105.97
蔬菜	Vegetable	103.36	109.94	106.85	98.48	104.55	106.96
叶菜类蔬菜	Leaf vegetable	103.70	111.57	108.27	97.41	105.54	106.92
芹菜	Celery	102.14	109.83	107.80	94.57	105.14	108.59
油菜	Rape	105.40	108.68	108.90	98.37	106.00	105.44
菠菜	Spinach	107.57	117.11	106.83	100.33	104.66	108.88
白菜类蔬菜	Cabbage vegetable	97.81	107.18	109.60	98.21	103.96	105.55
大白菜	Chinese cabbage	89.52	106.84	110.42	95.67	103.70	105.52
甘蓝类蔬菜	Wild cabbage vegetable	101.64	109.34	98.16	98.98	104.74	109.05
结球甘蓝	Wild cabbage	96.13	121.66	102.26	90.98	106.94	106.55
花椰菜	Cauliflower	101.29	109.21	97.45	100.36	104.36	109.48
根茎类蔬菜	Root and tuber vegetable	104.57	106.74	105.91	102.29	98.48	106.40
白萝卜	White radish	104.91	108.16	102.01	96.91	102.14	106.54
胡萝卜	Carrot	102.52	107.12	109.36	102.06	98.51	109.35
生姜	Ginger	101.79	78.88	114.93	133.95	87.50	75.83
瓜菜类蔬菜	Gourd vegetable	105.31	109.44	106.24	96.90	106.70	103.05
黄瓜	Cucumber	107.26	108.80	107.17	96.91	105.23	102.59
冬瓜	White gourd	100.42	111.80	104.64	97.48	111.98	104.27
豆类蔬菜	Garden beans	110.53	106.43	108.71	102.85	103.65	106.22
豇豆	Cowpeas	110.22	107.15	110.88	102.53	105.66	106.82
四季豆	Kidney beans	107.42	108.54	108.48	101.67	102.38	108.97
茄果类蔬菜	Eggplant, tomato and chili, etc.	107.87	111.39	105.17	100.48	102.35	102.74
茄子	Eggplant	102.78	112.20	107.22	95.71	102.56	103.27
青椒	Sweetbell	108.86	110.89	104.09	98.57	103.00	101.23
辣椒	Chili	107.15	102.75	103.85	100.74	103.47	100.95
西红柿	Tomato	108.34	110.30	104.49	104.64	101.56	103.53
莴苣及菊苣类蔬菜	Lettuce and chickory vegetable	103.70	114.71	107.85	97.44	105.00	108.51
生菜	Lettuce	102.50	115.42	107.99	95.02	107.54	109.73
莴笋	Asparagus lattuce	109.36	112.52	106.50	101.32	102.76	108.73

2-5 续表 2 continued 2

农产品名称	Categories of agricultural products	2011	2012	2013	2014	2015	2016
葱蒜类蔬菜	Onion and garlic	98.34	108.10	101.22	101.75	105.97	122.04
大葱	Scallion	101.61	113.20	104.75	96.80	100.90	127.39
大蒜	Garlic	96.38	113.28	99.55	101.07	108.71	121.54
水生蔬菜	Water vegetable	106.40	106.24	106.80	99.10	103.99	105.25
莲藕	Lotus root	106.38	102.11	109.76	99.45	103.74	98.86
食用菌	Mushroom	107.53	98.38	99.37	100.71	98.33	100.17
平菇	Oyster mushroom	108.08	105.71	101.89	102.33	101.01	100.64
金针菇	Golden mushroom	109.66	96.93	98.43	100.54	97.57	99.87
香菇	Mushroom (dried)	103.58	98.33	110.59	105.97	96.31	98.00
黑木耳	Black edible fungus (dried)	107.53	106.54	103.78	94.38	100.86	102.82
花卉	Flower	107.72	103.39	105.60	106.85	99.21	103.36
鲜切花及花蕾	Fresh flower	107.28	102.81	105.60	106.85	99.21	103.36
康乃馨	Carnation	103.49	105.49	108.06	107.14	103.33	104.26
满天星	June snow (serissa)	122.89	103.43	98.98	103.60	119.87	115.05
勿忘我	Forgetmenot	127.62	91.90	102.04	100.00	100.00	99.55
玫瑰	Rugosa rose	113.04	105.21	107.97	111.02	91.10	105.97
百合花	Lily	101.53	97.54	102.73	102.63	98.01	94.85
非洲菊	Flameray gerbera	97.59	113.60	100.00	100.00	96.77	
水果及坚果	Fruits and nuts	106.80	103.45	106.17	106.19	99.37	92.76
水果(园林水果)	Garden fruits	106.17	103.86	106.24	106.40	99.65	92.52
苹果	Apple	113.63	99.28	101.99	108.53	94.07	84.34
红富士苹果	Hongfushi apple	114.31	98.59	102.87	108.43	93.10	83.54
国光苹果	Guoguang apple	105.99	107.76	105.25	115.81	81.46	120.53
梨	Pear	105.56	102.66	109.53	123.33	100.52	81.01
雪花梨	Snowflake pear	104.50	104.38	107.16	116.24	93.14	100.00
鸭梨	Ya-pear	112.04	98.19	106.69	121.13	107.28	80.34
柑橘类水果	Citrus	103.97	101.50	110.11	106.79	106.64	91.63
柑橘	Mandarin orange	104.31	97.79	112.15	107.56	105.84	89.05
橙	Orange	108.28	102.15	106.83	108.54	105.42	101.87
葡萄	Grape	107.80	99.63	109.08	109.40	99.58	101.81
巨峰葡萄	Jufeng grape	111.84	99.39	109.08	109.40	99.58	101.81

2-5 续表 3 continued 3

农产品名称	Categories of agricultural products	2011	2012	2013	2014	2015	2016
热带水果	Tropical and subtropics area fruits	100.55	103.76	107.50	109.27	89.72	110.04
香蕉	Banana	102.22	92.22	111.34	119.38	74.85	99.27
瓜类水果	Melon	103.65	113.08	104.21	102.71	104.46	93.83
西瓜	Watermelon	103.63	113.06	104.21	102.71	104.46	93.83
哈密瓜	Hami melon	104.72	117.91	79.09	100.00	117.56	
食用坚果	Nuts	102.40	115.66	104.42	101.12	92.62	98.43
核桃	Walnut	96.25	108.51	107.19	100.13	90.49	95.41
栗子	Chestnuts	104.68	130.65	98.09	103.23	96.04	101.33
茶及饮料原料	Tea and other beverages	113.22	108.53	99.99	105.25	98.66	99.37
茶叶	Tea	113.34	108.78	100.47	105.49	98.66	99.37
红茶	Black tea	110.65	113.02	90.67	108.74	97.52	101.05
绿茶	Green tea	114.51	107.89	101.08	104.60	98.54	98.83
清茶	Light tea	113.22	106.28	101.13	109.67	99.92	101.98
香料原料	Perfume crops	106.48	97.35	102.24	110.07	117.17	113.28
花椒	Chinese prickly ash	106.46	97.46	104.70	110.07	120.97	101.05
八椒	Anise	100.00		92.38		101.98	161.34
桂皮	Cassia bark	109.75	94.04	97.97	139.84		
中草药材	Chinese medicinal materials	121.43	105.13	104.44	100.00	98.15	104.68
人参	Ginseng	131.52	97.24	108.13		105.77	92.38
枸杞	Fruit of chinese wolfberry	114.12	80.11	118.8	115.08	107.37	
二、林业产品	II.Forestry products	114.92	101.23	99.09	99.44	97.88	96.11
木材采伐产品	Felling and transport of wood	109.78	104.24	97.78	104.68	101.16	93.61
原木	Log	109.59	104.15	97.78	104.68	101.16	93.61
红松原木	Korean pine	111.09	117.62	92.14	111.32	98.70	96.39
马尾松原木	Masson pine	107.14	101.85	101.92	100.08	97.48	98.27
云南松原木	Yunnan pine	112.06	113.27	101.74	103.63	98.64	96.92
竹材采伐产品	Felling and transport of bamboo	112.02	103.84	101.86	100.23	97.31	96.30
竹材	Bamboo	112.01	103.68	101.86	100.23	97.31	96.30
毛竹	Mao bamboo	110.04	103.80	99.95	100.55	97.52	94.35
撑蒿竹	Hao bamboo	111.58	102.26	103.76	99.90	97.09	98.25
林产品	Industrial materials	120.18	82.96	89.03	85.09	86.85	98.01
天然橡胶	Rubber	132.58	76.23	86.71	81.86	87.30	98.68
天然橡胶乳	Latex rubber	128.86	77.11	89.21	82.07	86.84	98.40

2-5 续表 4 continued 4

农产品名称	Categories of agricultural products	2011	2012	2013	2014	2015	2016
天然树脂、树胶	Resin and gum	107.52	43.79	102.42	100.64	85.60	91.87
天然生漆	Raw lacquer	106.44	116.23	101.86	100.12	80.00	
天然松脂	Rosin	97.99	74.93	114.52	111.94	91.49	91.87
非直接食用果类	Not directly consumed products of forest	103.61	87.36	92.06	99.08	97.87	104.49
油桐籽	Seeds of tung oil tree	102.56	94.77	92.06	99.08	97.87	104.49
三、饲养动物及其产品	III.Livestock products	126.20	99.73	102.40	97.10	104.23	110.37
活牲畜	Livestock raising	132.52	98.79	101.32	93.98	106.48	115.44
猪	Hog (gross weight)	136.98	95.92	99.28	92.18	108.85	119.39
牛	Live cattle (gross weight)	108.05	116.79	113.08	104.41	99.08	98.73
羊	Live sheep	115.74	107.85	109.13	100.83	89.40	93.58
活家禽	Poultry (gross weight)	111.99	103.85	103.21	104.36	101.27	99.60
活鸡	Chicken	112.55	103.39	102.16	104.90	99.38	100.12
活鸭	Duck	112.05	104.88	104.15	104.10	104.34	98.52
活鹅	Goose	110.20	104.02	106.12	102.57	104.64	98.97
畜禽产品	Livestock and poultry products	111.59	101.16	106.95	106.19	95.82	94.73
生奶	Milk products	108.07	103.86	110.96	107.92	92.22	96.15
禽蛋	Eggs	112.63	100.47	105.80	105.69	96.85	94.33
鸡蛋	Chicken's eggs	113.18	100.52	104.55	107.88	95.78	94.82
鸭蛋	Duck's eggs	111.42	100.47	108.85	105.21	99.44	93.13
动物毛类	Hair and down products	117.08	100.42	103.35	98.44	98.10	91.74
绵羊毛	Sheep's wool	101.80	88.64	99.27	101.29	99.08	89.97
山羊毛	Goat's wool	109.98	99.63	106.42	88.75	97.05	98.30
兔毛	Rabbit hair	126.69	107.63	111.28	99.56	96.22	90.50
四、渔业产品	IV.Fishery products	110.04	106.18	104.32	103.10	102.45	103.40
海水养殖产品	Marine aquacultural products	111.47	101.01	100.73	101.94	101.00	104.15
海水养殖鱼	Marine aquacultural fish	111.61	96.69	96.11	107.55	97.97	99.28
海水养殖鲈鱼	Perch	110.28	100.17	101.98	102.16	95.25	103.14
海水养殖石斑鱼	Grouper	110.79	94.80	87.42	109.36	89.75	92.19
海水养殖大黄鱼	Large yellow croaker	114.74	93.45	98.93	111.15	108.92	102.52
海水养殖虾	Marine aquacultural shrimp	109.29	101.74	107.04	103.09	107.99	101.08
海水养殖中国对虾	Chinese prawn	108.22	101.30	107.04	103.09	107.99	101.08
海水养殖蟹	Marine aquacultural crab	108.14	104.75	103.74	94.71	108.33	121.49
海水养殖梭子蟹	Swimming crab	107.85	100.46	103.74	94.71	108.33	121.49

2-5 续表 5 continued 5

农产品名称	Categories of agricultural products	2011	2012	2013	2014	2015	2016
海水养殖贝类	Marine aquacultural shellfish	116.25	95.45	106.04	93.81	103.87	106.76
海水养殖牡蛎	Oyster	108.97	105.58	106.64	102.52	102.74	106.58
海水养殖扇贝	Scallop	121.75	114.62	105.44	85.06	105.01	106.94
海水养殖藻类	Marine aquacultural seaweeds	107.69	111.54	107.33	87.77	88.23	106.98
海水养殖海带	Kelp	110.87	113.75	94.10	75.75	80.98	109.06
海水养殖紫菜	Laver	107.51	107.30	133.79	111.82	102.72	102.81
海水捕捞产品	Marine fishing products	111.23	110.90	107.67	103.14	105.97	106.18
海水捕捞鲜鱼	Marine fishing fish	111.39	114.71	109.80	103.80	103.78	104.65
大黄鱼	Large yellow croaker	106.42	110.30	107.44	100.95	103.13	102.03
小黄鱼	Small yellow croaker	114.09	129.72	116.28	105.71	105.41	104.38
带鱼	Hairtail	113.86	110.23	105.67	104.73	102.79	107.53
海水捕捞虾	Marine fishing shrimp	110.64	106.15	110.65	105.89	108.34	104.94
中国对虾	Chinese prawn	110.24	108.71	109.23	106.34	107.58	100.55
海水捕捞蟹	Marine fishing crab	113.62	106.11	94.88	95.08	107.82	107.89
梭子蟹	Swimming crab	111.84	105.41	94.88	95.08	107.82	107.89
青蟹	Green crab	106.08	101.62	103.33	101.14	102.82	
海水捕捞贝类	Marine fishing shellfish	101.49	107.49	101.57	110.06	113.56	110.66
蛤	Clam	102.22	111.10	101.57	110.06	113.56	110.66
海水捕捞软体水生动物	Marine fishing aquatic animals	117.48	104.23	104.92	92.11	102.59	112.90
墨鱼	Inkfish	117.94	102.19	91.56	98.39	97.48	
鱿鱼	Squid	117.62	104.57	104.92	92.11	102.59	112.90
淡水养殖产品	Freshwater aquacultural products	109.48	106.75	104.65	103.82	102.05	101.99
养殖淡水鱼	Freshwater aquacultural fish	108.56	106.68	103.16	100.11	101.45	101.03
养殖淡水鲤鱼	Carp	111.32	105.14	100.78	103.94	104.99	98.43
养殖淡水草鱼	Grass carp	107.31	106.62	105.10	99.77	101.00	103.03
养殖淡水鲢鱼	Silver carp	108.65	107.24	101.56	98.58	100.25	99.87
淡水养殖虾	Freshwater aquacultural shrimp	112.27	108.75	108.23	109.67	105.51	101.69
淡水养殖罗氏沼虾	M. Rosenbergii	113.09	107.96	110.55	112.11	106.02	103.10
淡水养殖青虾	Freshwater shirimp	114.52	109.98	105.90	107.23	104.99	100.28
淡水养殖蟹	Freshwater aquacultural crab	106.21	101.34	105.74	111.42	99.11	107.88
淡水养殖活河蟹	Live river crab	107.09	101.65	105.74	111.42	99.11	107.88
淡水养殖贝类	Freshwater aquacultural shellfish	112.68	93.53	99.16	112.50		
淡水养殖螺	Spiral shell	107.26	98.81	99.16		102.40	

2-6 全国农产品生产者价格指数(第一季度)

Producer Price Indices of Agricultural Products in the First Quarter

(上年同期=100) (the same period of preceding year=100)

农产品名称	Categories of agricultural products	2011	2012	2013	2014	2015	2016
合 计	**All**	**115.63**	**109.16**	**101.91**	**98.76**	**99.25**	**106.73**
一、农业产品	I. Crop products	116.49	102.94	102.21	102.62	100.36	95.79
#粮食	Grain	112.12	105.57	102.10	101.60	101.70	91.49
谷物	Cereal (unprocessed food grains)	112.23	106.74	100.95	101.39	101.81	90.39
稻谷	Paddy	115.79	105.38	105.48	100.82	102.36	99.37
早籼稻	Early long grained nonglutinous rice	107.85	109.73	102.83	104.98	96.71	100.35
晚籼稻	Late long grained nonglutinous rice	116.25	111.41	103.36	100.36	103.79	97.73
中籼稻	Medium long grained nonglutinous rice	114.25	111.78	101.48	101.11	104.43	100.75
粳稻	Round- grained rice	116.35	101.47	107.09	100.68	101.95	100.00
小麦	Wheat	107.20	102.45	107.05	108.40	103.70	93.81
硬质小麦	Hard-grained wheat	105.52	101.74	108.13	104.35	104.26	95.40
软质小麦	Soft-grained wheat	109.54	104.61	103.76	107.14	98.70	94.74
玉米	Maize (corn)	111.02	108.02	97.91	100.84	101.29	85.35
白玉米	White maize	107.11	106.41	107.73	100.00	99.11	102.78
黄玉米	Yellow maize	111.29	108.13	97.22	100.90	101.44	84.13
薯类	Potato	121.10	88.61	113.12	109.33	98.53	105.87
马铃薯	White potato	128.89	73.53	124.31	109.76	94.26	109.42
甘薯	Sweet potato	110.92	110.12	100.66	110.40	102.96	103.27
油料	Oil-bearing crops	111.18	108.20	103.45	96.69	103.37	97.71
花生	Peanut	110.69	113.99	103.80	87.33	105.98	96.87
油菜籽	Rapeseeds	112.89	101.20	104.64	102.41	102.44	99.19
芝麻	Sesame	113.93	97.02	103.18	106.58	107.70	92.88
豆类	Beans	109.64	100.38	108.26	102.00	101.50	96.62
大豆	Soybeans	108.54	103.62	108.69	102.34	100.76	96.98
绿豆	Mung beans	117.55	77.10	105.19	99.55	106.83	94.07
棉花	Cotton	155.05	70.92	103.14	102.52	77.78	93.21
籽棉	Unginned cotton	155.05	70.92	103.14	102.52	77.78	93.21
生麻	Fiber crops	106.81	105.05	100.19	103.16	110.21	97.01
生苎麻	Ramie	112.36	105.05	100.19	103.16	110.21	97.01
糖料	Sugar crops	132.86	107.44	98.77	102.14	97.54	101.65
甘蔗	Sugarcane	134.53	107.58	97.73	102.27	97.38	101.75
甜菜	Beet	105.84	105.13	115.56	100.00	100.00	100.00

2-6 续表 1

continued 1

农产品名称 Categories of agricultural products		2011	2012	2013	2014	2015	2016
未加工烟草	Tobacco	102.97	114.16	104.53	109.30	100.30	97.17
未去梗烤烟叶	Flue-cured tobacco	104.90	117.37	103.38	104.73	102.78	100.00
未去梗晒烟叶	Sun-cured tobacco	101.01	110.89	105.70	113.94	97.77	94.30
蔬菜及食用菌	Vegetable and mushroom	107.92	108.26	102.59	102.43	101.74	115.38
蔬菜	Vegetable	105.87	110.88	104.13	100.63	102.97	116.63
叶菜类蔬菜	Leaf vegetable	103.20	116.47	105.34	99.06	103.83	115.75
芹菜	Celery	106.12	107.03	108.82	95.96	101.89	116.22
油菜	Rape	99.76	120.77	103.73	102.15	104.23	115.01
菠菜	Spinach	110.13	121.82	103.51	93.97	106.87	117.63
白菜类蔬菜	Cabbage vegetable	106.85	101.35	112.59	96.68	102.34	121.22
大白菜	Chinese cabbage	104.55	97.62	113.39	96.77	101.71	122.86
甘蓝类蔬菜	Wild cabbage vegetable	102.14	106.98	85.32	107.39	100.50	109.30
结球甘蓝	Wild cabbage	102.15	116.90	97.59	94.16	103.37	114.78
花椰菜	Cauliflower	102.14	105.27	83.20	109.67	100.00	108.36
根茎类蔬菜	Root and tuber vegetable	111.02	100.88	110.67	105.01	100.12	107.84
白萝卜	White radish	109.50	107.08	113.39	101.90	99.31	111.03
胡萝卜	Carrot	109.13	97.99	112.04	108.58	94.67	116.90
生姜	Ginger	109.09	73.32	106.47	121.11	100.88	72.70
瓜菜类蔬菜	Gourd vegetable	107.72	116.93	99.68	99.82	107.19	115.41
黄瓜	Cucumber	107.68	119.68	101.88	97.06	104.69	113.70
冬瓜	White gourd	108.65	107.32	94.15	107.55	115.79	120.39
豆类蔬菜	Garden beans	115.68	112.67	91.13	110.59	105.80	117.13
豇豆	Cowpeas	116.38	115.05	80.17	111.69	110.78	118.04
四季豆	Kidney beans	107.41	118.03	110.02	107.85	99.49	121.90
茄果类蔬菜	Eggplant, tomato and chili, etc.	110.44	115.74	96.85	111.76	99.03	111.08
茄子	Eggplant	102.22	126.88	96.86	104.64	103.14	113.40
青椒	Sweetbell	121.68	114.80	93.92	110.50	100.18	100.00
辣椒	Chili	123.38	108.57	92.69	110.92	101.06	101.92
西红柿	Tomato	107.86	110.38	99.43	117.89	94.78	116.63
莴苣及菊苣类蔬菜	Lettuce and chickory vegetable	104.44	117.58	101.98	95.36	103.76	116.18
生菜	Lettuce	101.47	126.05	103.90	93.24	104.27	123.06
莴笋	Asparagus lattuce	112.02	113.05	100.00	101.29	104.05	111.62

2-6 续表 2 continued 2

农产品名称 Categories of agricultural products		2011	2012	2013	2014	2015	2016
葱蒜类蔬菜	Onion and garlic	108.08	102.78	106.03	102.29	100.64	142.17
大葱	Scallion	103.08	122.57	110.85	100.31	85.10	176.92
大蒜	Garlic	106.24	94.28	106.45	98.48	107.44	131.17
水生蔬菜	Water vegetable	107.99	105.38	92.46	104.06	101.46	91.78
莲藕	Lotus root	108.40	99.55	112.29	101.70	103.89	99.64
食用菌	Mushroom	120.18	92.54	93.31	113.23	94.33	107.87
平菇	Oyster mushroom	109.89	105.39	98.79	104.80	102.40	100.00
金针菇	Golden mushroom	123.23	91.58	89.91	117.93	90.05	111.39
香菇	Mushroom (dried)	108.15	93.63	113.11	110.89	102.52	91.61
黑木耳	Black edible fungus (dried)	107.71	100.34	103.61	96.38	101.22	103.57
花卉	Flower	107.41	101.51	104.47	116.76	88.36	107.16
鲜切花及花蕾	Fresh flower	107.41	101.51	104.47	116.76	88.36	107.16
康乃馨	Carnation	102.43	112.75	105.13	111.59	70.83	120.31
满天星	June snow (serissa)	100.00	107.49	101.78	100.00	100.20	150.00
勿忘我	Forgetmenot		52.75	105.26	100.00		98.83
玫瑰	Rugosa rose	114.6	97.63	109.47	125.40	84.98	105.70
百合花	Lily	102.75	96.55	96.49	113.30	106.97	83.77
非洲菊	Flameray gerbera	96.79	131.41	90.32	112.73	81.67	
水果及坚果	Fruits and nuts	128.76	89.45	102.98	112.03	108.32	80.48
水果(园林水果)	Garden fruits	129.02	89.38	102.80	112.16	108.46	80.18
苹果	Apple	134.50	104.11	99.53	108.16	107.47	66.52
红富士苹果	Hongfushi apple	133.04	103.63	102.09	108.67	106.11	64.91
国光苹果	Guoguang apple	130.71	116.47	110.06	122.40		
梨	Pear	125.92	93.10	107.27	149.13	99.05	66.50
雪花梨	Snowflake pear	123.52	104.51	100.00	121.41	100.00	
鸭梨	Ya-pear	116.25	91.93	99.15	143.06	111.85	65.49
柑橘类水果	Citrus	129.62	79.09	103.88	111.37	112.03	87.87
柑橘	Mandarin orange	130.59	77.59	103.56	113.41	111.85	87.85
橙	Orange	131.95	81.33	106.23	102.37	116.63	89.22
葡萄	Grape	101.34		101.93	116.24	102.13	99.56
巨峰葡萄	Jufeng grape	101.34		101.93	116.24	102.13	99.56

2-6 续表 3 continued 3

农产品名称	Categories of agricultural products	2011	2012	2013	2014	2015	2016
热带水果	Tropical and subtropics area fruits	124.44	94.58	96.91	118.59	104.00	75.45
香蕉	Banana	124.14	95.69	96.69	119.17	103.48	69.85
瓜类水果	Melon	108.61	106.66	114.72	118.87	109.06	82.04
西瓜	Watermelon	108.61	106.66	114.72	118.87	109.06	82.04
哈密瓜	Hami melon		100.00		112.58	118.29	
食用坚果	Nuts	110.13	94.92	115.30	102.47	98.31	102.04
核桃	Walnut	108.63	93.80	115.90	103.32	97.09	100.47
栗子	Chestnuts	118.26	104.18	121.41	92.85	112.08	82.49
茶及饮料原料	Tea and other beverages	108.97	112.14	96.15	105.87	99.98	98.62
茶叶	Tea	109.50	112.70	99.46	107.44	99.98	98.62
红茶	Black tea	111.58	110.67	93.89	111.51	102.15	97.62
绿茶	Green tea	109.54	115.16	99.66	105.67	100.21	98.47
清茶	Light tea	108.42	99.43	100.60	115.90	97.75	99.90
香料原料	Perfume crops	116.27	99.34	99.56	105.55	124.36	95.32
花椒	Chinese prickly ash	116.27	99.34	99.56	105.55	124.36	96.92
八椒	Anise						92.31
桂皮	Cassia bark						
中草药材	Chinese medicinal materials	148.11	109.53	99.66	103.06	101.28	94.77
人参	Ginseng		132.37	102.04	100.00	106.24	90.46
枸杞	Fruit of chinese wolfberry	142.41	71.77	97.33	121.96	105.48	
二、林业产品	II.Forestry products	113.21	107.28	99.88	99.45	97.55	94.45
木材采伐产品	Felling and transport of wood	105.84	109.96	96.34	104.83	101.58	95.09
原木	Log	105.84	109.96	96.34	104.83	101.58	95.09
红松原木	Korean pine	109.09	107.62	79.10	112.72	101.67	89.66
马尾松原木	Masson pine	105.53	104.44	103.60	100.48	98.78	96.49
云南松原木	Yunnan pine	107.11	123.70	97.75	118.58	100.03	97.07
竹材采伐产品	Felling and transport of bamboo	108.26	104.70	103.74	99.39	95.71	94.81
竹材	Bamboo	108.26	104.70	103.74	99.39	95.71	94.81
毛竹	Mao bamboo	104.89	107.26	100.45	100.38	99.18	93.70
撑蒿竹	Hao bamboo	111.64	102.13	107.04	98.39	92.22	95.92
林产品	Industrial materials	133.10	98.75	94.03	90.86	89.01	95.20
天然橡胶	Rubber	137.21	95.45	86.97	86.90	87.72	93.99
天然橡胶乳	Latex rubber	137.21	95.45	86.97	86.90	87.72	93.99

2-6 续表 4 continued 4

农产品名称	Categories of agricultural products	2011	2012	2013	2014	2015	2016
天然树脂、树胶	Resin and gum		101.19	100.02		88.89	
天然生漆	Raw lacquer		101.19	100.00		88.89	
天然松脂	Rosin	177.46	52.45	108.96	116.71	93.47	
非直接食用果类	Not directly consumed products of forest	102.41	96.08	79.90	120.39	100.00	104.24
油桐籽	Seeds of tung oil tree	102.41	96.08	79.90	120.39	100.00	104.24
三、饲养动物及其产品	III.Livestock products	116.01	115.04	101.46	94.04	97.57	119.62
活牲畜	Livestock raising	117.23	118.50	99.27	91.55	96.30	126.30
猪	Hog (gross weight)	118.63	119.17	96.92	88.88	96.42	131.95
牛	Live cattle (gross weight)	105.31	115.86	116.27	104.19	99.84	98.47
羊	Live sheep	113.68	113.00	109.03	110.82	90.39	86.94
活家禽	Poultry (gross weight)	111.12	106.59	107.53	100.72	103.21	100.70
活鸡	Chicken	111.29	106.44	107.60	99.74	103.46	100.36
活鸭	Duck	112.57	107.55	107.83	103.23	102.35	98.44
活鹅	Goose	107.86	105.79	106.65	101.72	103.30	106.22
畜禽产品	Livestock and poultry products	112.72	100.56	109.99	103.85	100.44	94.14
生奶	Milk products	112.54	103.69	107.65	118.37	90.25	95.40
禽蛋	Eggs	112.79	99.43	110.84	98.61	104.12	93.69
鸡蛋	Chicken's eggs	113.09	99.09	111.39	97.87	104.51	92.87
鸭蛋	Duck's eggs	111.44	100.94	108.38	101.92	102.38	97.34
动物毛类	Hair and down products	117.14	105.42	100.10	103.10	106.94	97.54
绵羊毛	Sheep's wool	110.51	105.26		107.65	109.09	100.00
山羊毛	Goat's wool	122.86	96.99				97.00
兔毛	Rabbit hair	131.78	105.91		101.48	100.47	90.70
四、渔业产品	Iv.fishery products	109.75	111.48	103.40	103.28	103.04	100.30
海水养殖产品	Marine aquacultural products	111.07	109.75	96.37	99.61	99.01	102.49
海水养殖鱼	Marine aquacultural fish	110.41	105.94	93.10	100.14	100.65	99.51
海水养殖鲈鱼	Perch	106.27	104.48	99.05	93.46	97.61	103.55
海水养殖石斑鱼	Grouper	107.82	110.24	89.65	96.98	91.55	91.08
海水养殖大黄鱼	Large yellow croaker	117.17	103.09	90.60	109.99	112.83	103.92
海水养殖虾	Marine aquacultural shrimp	110.37	101.69	98.64	102.31	110.03	104.23
海水养殖中国对虾	Chinese prawn	110.37	101.69	98.64	102.31	110.03	104.23
海水养殖蟹	Marine aquacultural crab	107.26	99.70	105.81	96.56	100.05	141.52
海水养殖梭子蟹	Swimming crab	107.26	99.70	105.81	96.56	100.05	141.52

2-6 续表 5 continued 5

农产品名称	Categories of agricultural products	2011	2012	2013	2014	2015	2016
海水养殖贝类	Marine aquacultural shellfish	115.07	125.16	101.68	98.55	97.06	98.44
海水养殖牡蛎	Oyster	112.05	112.48	107.19	103.52	99.83	106.83
海水养殖扇贝	Scallop	118.11	137.91	96.15	93.55	94.27	90.00
海水养殖藻类	Marine aquacultural seaweeds	107.92	113.03	106.31	99.40	76.95	111.83
海水养殖海带	Kelp	107.55	116.79	103.47	89.40	62.79	114.09
海水养殖紫菜	Laver	108.64	105.77	111.80	118.73	104.33	107.47
海水捕捞产品	Marine fishing products	111.62	122.21	109.42	104.45	108.64	105.48
海水捕捞鲜鱼	Marine fishing fish	113.81	128.60	107.55	106.50	104.42	108.11
大黄鱼	Large yellow croaker	110.69	144.74	100.37	102.86	105.68	108.17
小黄鱼	Small yellow croaker	115.05	125.47	116.36	108.83	106.39	108.66
带鱼	Hairtail	115.68	115.58	105.93	107.81	101.18	107.49
海水捕捞虾	Marine fishing shrimp	101.85	117.12	116.06	109.23	117.72	98.15
中国对虾	Chinese prawn	100.46	138.12	112.73	104.94	115.1	89.81
海水捕捞蟹	Marine fishing crab	118.12	113.92	107.27	92.76	109.23	113.65
梭子蟹	Swimming crab	118.12	113.92	107.27	92.76	109.23	113.65
青蟹	Green crab	114.53	115.55	105.78	94.77	104.44	
海水捕捞贝类	Marine fishing shellfish			100.00	112.98	109.42	106.71
蛤	Clam			100.00	112.98	109.42	106.71
海水捕捞软体水生动物	Marine fishing aquatic animals	121.25	107.55	112.33	81.10	105.44	102.28
墨鱼	Inkfish	116.65	115.88	87.64	101.36	104.82	
鱿鱼	Squid	121.25	107.55	112.33	81.10	105.44	102.28
淡水养殖产品	Freshwater Aquacultural Products	109.45	107.40	103.95	104.75	102.32	98.46
养殖淡水鱼	Freshwater Aquacultural Fish	104.94	107.46	104.00	101.33	101.74	98.17
养殖淡水鲤鱼	Carp	104.84	106.82	101.53	100.00	104.49	101.23
养殖淡水草鱼	Grass carp	105.36	106.83	103.95	101.82	103.88	97.81
养殖淡水鲢鱼	Silver carp	104.35	108.74	105.31	101.23	97.13	97.16
淡水养殖虾	Freshwater Aquacultural Shrimp	122.78	111.85	107.51	114.63	111.78	100.64
淡水养殖罗氏沼虾	M. rosenbergii	130.36	109.46	108.63	121.07	112.31	100.97
淡水养殖青虾	Freshwater shirimp	115.17	114.25	106.39	108.15	111.24	100.31
淡水养殖蟹	Freshwater Aquacultural Crab	113.43	100.76	98.64	108.05	91.85	96.84
淡水养殖活河蟹	Live river crab	113.43	100.76	98.64	108.05	91.85	96.84
淡水养殖贝类	Freshwater Aquacultural Shellfish	100.00	105.97	107.34			
淡水养殖螺	Spiral shell	113.72	95.13	107.34	100.00	104.63	

2-7 全国农产品生产者价格指数(第二季度)
Producer Price Indices of Agricultural Products in the Second Quarter

(上年同期=100) (the same period of preceding year=100)

农产品名称	Categories of agricultural products	2011	2012	2013	2014	2015	2016
合 计	**All**	**118.03**	**102.96**	**101.07**	**100.27**	**101.46**	**107.70**
一、农业产品	I. Crop products	108.60	107.02	103.69	100.72	100.51	95.47
粮食	Grain	109.57	105.0781	103.25	101.32	101.37	91.16
谷物	Cereal (unprocessed food grains)	110.35	105.89	102.38	101.09	101.57	89.03
稻谷	Paddy	112.68	105.77	101.83	102.31	102.62	98.10
早籼稻	Early long grained nonglutinous rice	113.24	108.16	101.13	100.37	98.59	98.88
晚籼稻	Late long grained nonglutinous rice	118.09	108.54	98.91	101.42	102.32	97.51
中籼稻	Medium long grained nonglutinous rice	115.45	108.75	100.37	101.87	102.84	97.84
粳稻	Round- grained rice	108.90	103.43	103.90	103.13	103.23	98.41
小麦	Wheat	106.40	101.22	107.34	105.84	101.36	91.37
硬质小麦	Hard-grained wheat	105.74	100.65	109.00	102.65	100.41	94.42
软质小麦	Soft-grained wheat	108.15	102.07	103.21	97.83	100.44	93.39
玉米	Maize (corn)	110.67	107.36	101.00	99.13	101.31	84.68
白玉米	White maize	105.02	111.51	108.85	99.15	100.45	94.98
黄玉米	Yellow maize	111.07	107.07	100.45	99.13	101.37	83.96
薯类	Potato	104.09	92.23	112.30	106.11	93.91	119.86
马铃薯	White potato	97.72	88.50	115.93	106.25	90.22	121.67
甘薯	Sweet potato	126.20	108.09	98.98	107.11	104.85	114.53
油料	Oil-bearing crops	114.26	107.57	102.19	98.45	100.25	99.90
花生	Peanut	114.45	111.43	98.79	93.82	100.44	102.72
油菜籽	Rapeseeds	115.23	105.91	104.58	100.78	100.00	98.00
芝麻	Sesame	108.84	96.21	103.55	100.48	102.23	93.78
豆类	Beans	105.77	102.57	106.90	101.82	101.62	98.76
大豆	Soybeans	106.04	105.08	107.28	100.58	102.24	98.78
绿豆	Mung beans	103.51	81.69	103.79	112.13	96.48	98.59
棉花	Cotton	140.95	81.07	102.26	100.28	85.90	87.38
籽棉	Unginned cotton	140.95	81.07	102.26	100.28	85.90	87.38
生麻	Fiber crops	113.26	102.47	93.83	107.84	108.51	105.50
生苎麻	Ramie	113.26	102.47	93.83	107.84	108.51	105.50
糖料	Sugar crops	126.65	107.07	98.72	96.30	94.52	101.67
甘蔗	Sugarcane	126.69	107.12	98.63	96.33	94.52	101.67
甜菜	Beet	121.21	98.92	112.70	92.22		

2-7 续表 1 continued 1

农产品名称	Categories of agricultural products	2011	2012	2013	2014	2015	2016
未加工烟草	Tobacco	105.03	98.49	110.79	110.92	99.30	89.45
未去梗烤烟叶	Flue-cured tobacco	114.02	99.66	105.05	112.42	102.84	100.00
未去梗晒烟叶	Sun-cured tobacco	96.04	97.31	116.53	109.41	95.75	78.90
蔬菜及食用菌	Vegetable and mushroom	100.17	115.12	103.68	96.61	103.54	104.17
蔬菜	Vegetable	99.47	116.35	103.83	96.62	103.75	104.67
叶菜类蔬菜	Leaf vegetable	98.22	117.20	106.24	94.76	103.47	104.85
芹菜	Celery	96.01	129.03	98.10	95.75	104.81	103.68
油菜	Rape	99.43	110.13	110.38	94.51	103.08	105.30
菠菜	Spinach	98.66	117.34	109.09	93.41	101.82	105.86
白菜类蔬菜	Cabbage vegetable	95.53	121.02	106.81	95.98	104.82	98.67
大白菜	Chinese cabbage	91.92	120.85	108.24	94.89	103.09	97.65
甘蓝类蔬菜	Wild cabbage vegetable	101.60	121.54	96.55	100.81	109.40	102.34
结球甘蓝	Wild cabbage	77.82	148.19	97.97	88.89	111.43	97.56
花椰菜	Cauliflower	105.69	116.96	96.31	102.86	109.05	103.16
根茎类蔬菜	Root and tuber vegetable	101.31	110.72	105.63	107.11	96.51	112.56
白萝卜	White radish	99.37	116.95	99.45	101.12	101.49	108.50
胡萝卜	Carrot	101.58	112.67	113.06	106.75	89.08	120.55
生姜	Ginger	102.43	78.04	99.44	147.04	88.19	72.41
瓜菜类蔬菜	Gourd vegetable	100.78	111.84	100.58	95.37	104.43	99.06
黄瓜	Cucumber	105.94	108.83	104.41	95.22	102.60	97.30
冬瓜	White gourd	88.18	117.66	90.61	96.83	110.29	103.27
豆类蔬菜	Garden beans	107.35	109.05	107.86	100.42	102.32	97.21
豇豆	Cowpeas	107.41	109.93	111.18	99.58	102.12	95.95
四季豆	Kidney beans	105.67	108.91	106.99	100.00	103.51	101.36
茄果类蔬菜	Eggplant, tomato and chili, etc.	105.39	113.45	100.15	97.43	100.95	100.36
茄子	Eggplant	102.19	114.91	105.20	90.26	100.58	98.15
青椒	Sweetbell	105.62	112.51	99.30	90.59	104.09	101.70
辣椒	Chili	101.73	119.44	98.90	96.39	106.98	99.31
西红柿	Tomato	109.07	110.46	97.13	105.54	97.90	101.95
莴苣及菊苣类蔬菜	Lettuce and chickory vegetable	99.88	118.48	101.26	91.84	105.70	107.16
生菜	Lettuce	97.99	114.97	101.48	85.76	105.51	105.86
莴笋	Asparagus lattuce	103.44	121.26	99.48	97.38	106.09	108.48

2-7 续表 2 continued 2

农产品名称	Categories of agricultural products	2011	2012	2013	2014	2015	2016
葱蒜类蔬菜	Onion and garlic	101.44	105.52	98.45	99.88	101.68	124.66
大葱	Scallion	101.04	106.72	98.75	98.18	93.84	142.96
大蒜	Garlic	97.35	100.40	99.42	97.84	106.63	118.97
水生蔬菜	Water vegetable	110.47	110.56	107.59	101.58	106.39	127.22
莲藕	Lotus root	108.19	105.16	115.37	100.78	111.57	97.55
食用菌	Mushroom	111.04	96.05	101.31	96.44	100.41	96.36
平菇	Oyster mushroom	112.86	102.32	101.54	105.17	101.81	95.33
金针菇	Golden mushroom	109.36	96.01	100.00	93.57	100.72	97.13
香菇	Mushroom (dried)	110.58	90.47	114.72	106.06	97.72	94.19
黑木耳	Black edible fungus (dried)	108.39	104.61	103.22	92.61	102.13	104.13
花卉	Flower	110.00	97.81	106.29	108.09	94.66	105.70
鲜切花及花蕾	Fresh flower	110.00	97.81	106.29	108.09	94.66	105.70
康乃馨	Carnation	121.36	98.53	111.76	103.77	111.29	100.00
满天星	June snow (serissa)	153.91	104.44	112.10	115.33	100.00	122.49
勿忘我	Forgetmenot	133.33	100.00	100.00	100.00		100.00
玫瑰	Rugosa rose	103.44	96.13	102.34	116.79	92.23	108.13
百合花	Lily	100.41	98.15	107.08	97.16	84.89	102.79
非洲菊	Flameray gerbera	99.38	112.42	104.00	119.23	85.29	
水果及坚果	Fruits and nuts	104.90	103.70	111.36	106.81	92.10	95.74
水果(园林水果)	Garden fruits	104.84	103.73	111.44	106.86	92.07	95.76
苹果	Apple	105.29	100.43	92.94	113.47	89.95	76.40
红富士苹果	Hongfushi apple	104.09	101.96	94.07	110.91	89.95	76.40
国光苹果	Guoguang apple	107.22	105.68	110.63	108.11		
梨	Pear	137.83	71.39	118.33	147.89	94.57	60.08
雪花梨	Snowflake pear	181.53	78.27	113.29	130.56		98.77
鸭梨	Ya-pear	145.41	81.34	109.09	136.29	125.00	
柑橘类水果	Citrus	117.13	71.18	128.07	109.96	109.30	62.08
柑橘	Mandarin orange	116.43	70.62	126.44	110.24	110.12	59.76
橙	Orange	126.39	75.73	149.53	109.22	98.22	93.00
葡萄	Grape	100.00	117.73	110.32	111.11	97.81	110.24
巨峰葡萄	Jufeng grape	100.00	117.73	110.32	111.11	97.81	110.24

2-7 续表 3

continued 3

农产品名称	Categories of agricultural products	2011	2012	2013	2014	2015	2016
热带水果	Tropical and subtropics area fruits	107.62	101.43	105.90	120.77	90.22	108.60
香蕉	Banana	101.11	91.09	117.79	124.41	73.13	104.61
瓜类水果	Melon	99.43	110.80	114.62	101.10	89.84	102.82
西瓜	Watermelon	99.43	110.80	114.62	101.10	89.84	102.82
哈密瓜	Hami melon	67.97	112.83		93.43	109.32	
食用坚果	Nuts	117.38	98.50	96.29	98.06	97.05	93.61
核桃	Walnut	102.73	92.38	100.38	98.53	93.60	91.47
栗子	Chestnuts						
茶及饮料原料	Tea and other beverages	116.59	109.32	101.30	106.80	99.36	98.16
茶叶	Tea	116.65	109.75	101.44	106.80	99.36	98.16
红茶	Black tea	110.78	112.92	97.43	106.33	100.80	103.56
绿茶	Green tea	116.18	109.16	100.87	105.46	98.64	96.64
清茶	Light tea	122.32	112.01	106.91	115.55	103.25	105.30
香料原料	Perfume crops	107.03	97.67	107.50	109.18	138.70	99.28
花椒	Chinese prickly ash	107.03	97.67	107.50	109.18	138.70	98.51
八椒	Anise						100.00
桂皮	Cassia bark	106.71	94.04	93.76	107.25		
中草药材	Chinese medicinal materials	117.34	118.98	106.04	96.15	92.63	100.28
人参	Ginseng		100.00	110.93	100.00	97.48	
枸杞	Fruit of chinese wolfberry	122.74	76.30		113.57	112.79	
二、林业产品	II.Forestry products	118.43	100.19	95.25	99.40	96.45	96.87
木材采伐产品	Felling and transport of wood	110.13	103.55	92.89	105.80	99.59	100.76
原木	Log	110.13	103.55	92.89	105.80	99.59	100.76
红松原木	Korean pine	113.68	122.18	89.29	116.53	96.35	99.91
马尾松原木	Masson pine	110.40	102.81	101.04	101.48	97.42	104.76
云南松原木	Yunnan pine	111.91	99.49	102.49	98.77	101.65	99.94
竹材采伐产品	Felling and transport of bamboo	111.18	101.64	97.88	101.37	98.71	96.09
竹材	Bamboo	111.18	101.64	97.88	101.37	98.71	96.09
毛竹	Mao bamboo	115.89	104.37	100.53	101.84	97.42	94.60
撑蒿竹	Hao bamboo	106.46	98.91	95.22	100.90	100.00	97.57
林产品	Industrial materials	146.51	84.94	83.84	86.67	90.45	93.64
天然橡胶	Rubber	146.81	84.65	82.68	85.36	90.41	93.77
天然橡胶乳	Latex rubber	146.81	86.66	84.63	86.58	89.99	93.69

2-7 续表 4 continued 4

农产品名称	Categories of agricultural products	2011	2012	2013	2014	2015	2016
天然树脂、树胶	Resin and gum		90.03	105.64	108.98	90.22	90.32
天然生漆	Raw lacquer		100.00	105.26	100.66		
天然松脂	Rosin	130.67	68.08	106.46	127.27	90.22	90.32
非直接食用果类	Not directly consumed products of forest	97.16	84.57	71.23	94.04	100.00	103.43
油桐籽	Seeds of tung oil tree	97.16	84.57	71.23	94.04	100.00	103.43
三、饲养动物及其产品	III.Livestock products	129.01	98.06	98.48	98.47	102.20	121.45
活牲畜	Livestock raising	136.09	96.98	96.86	94.24	104.61	131.78
猪	Hog (gross weight)	141.48	93.68	92.73	92.02	105.88	138.11
牛	Live cattle (gross weight)	106.16	115.06	121.39	107.57	99.69	102.09
羊	Live sheep	112.29	112.02	112.48	102.35	90.66	94.93
活家禽	Poultry (gross weight)	112.78	102.08	96.52	106.82	99.55	99.66
活鸡	Chicken	113.24	101.75	94.81	106.52	97.96	101.27
活鸭	Duck	112.39	102.50	97.10	108.61	103.32	96.83
活鹅	Goose	111.61	102.72	102.02	105.58	100.41	97.53
畜禽产品	Livestock and poultry products	112.35	99.40	106.58	109.48	94.33	95.69
生奶	Milk products	108.64	102.87	108.05	115.28	91.80	95.29
禽蛋	Eggs	113.38	98.44	106.17	107.88	95.03	95.80
鸡蛋	Chicken's eggs	114.36	97.54	104.30	108.89	92.46	97.11
鸭蛋	Duck's eggs	111.60	100.08	109.56	106.06	99.70	93.43
动物毛类	Hair and down products	119.10	107.97	110.37	94.21	94.98	100.34
绵羊毛	Sheep's wool	113.23	116.53	110.94	100.07	93.49	86.77
山羊毛	Goat's wool	121.17	84.91	107.40	70.18	95.78	105.60
兔毛	Rabbit hair	134.64	105.34	111.62	100.64	98.63	87.80
四、渔业产品	IV.Fishery products	109.83	108.36	104.36	105.62	104.32	104.14
海水养殖产品	Marine aquacultural products	112.58	101.41	100.00	104.91	102.99	104.48
海水养殖鱼	Marine aquacultural fish	114.26	93.73	96.54	113.98	96.14	101.14
海水养殖鲈鱼	Perch	116.05	96.46	86.65	115.46	89.68	99.68
海水养殖石斑鱼	Grouper	111.09	97.26	95.33	112.43	89.96	101.88
海水养殖大黄鱼	Large yellow croaker	115.64	87.45	107.67	114.05	108.82	101.85
海水养殖虾	Marine aquacultural shrimp	107.89	100.15	110.08	106.98	109.27	93.28
海水养殖中国对虾	Chinese prawn	107.89	100.15	110.08	106.98	109.27	93.28
海水养殖蟹	Marine aquacultural crab	110.53	128.09	106.34	103.83	99.85	112.38
海水养殖梭子蟹	Swimming crab	110.53	128.09	106.34	103.83	99.85	112.38

2-7 续表 5

continued 5

农产品名称	Categories of agricultural products	2011	2012	2013	2014	2015	2016
海水养殖贝类	Marine aquacultural shellfish	113.55	102.31	101.28	92.46	122.89	108.31
海水养殖牡蛎	Oyster	110.72	97.12	103.25	99.20	102.03	103.58
海水养殖扇贝	Scallop	116.37	107.49	99.31	85.71	143.75	113.04
海水养殖藻类	Marine aquacultural seaweeds	106.95	109.05	100.64	69.62	84.17	122.26
海水养殖海带	Kelp	108.92	114.32	98.68	50.88	75.14	126.84
海水养殖紫菜	Laver	102.97	98.41	104.6	107.46	102.39	112.99
海水捕捞产品	Marine fishing products	109.15	108.53	111.00	106.34	107.17	108.17
海水捕捞鲜鱼	Marine fishing fish	107.88	108.51	119.53	104.04	106.12	108.69
大黄鱼	Large yellow croaker	102.38	93.44	127.15	99.36	111.13	109.73
小黄鱼	Small yellow croaker	105.10	118.94	119.93	105.42	102.86	106.41
带鱼	Hairtail	116.13	113.14	111.52	107.34	104.37	109.94
海水捕捞虾	Marine fishing shrimp	109.83	104.68	103.52	112.21	104.13	106.03
中国对虾	Chinese prawn	106.13	109.35	101.27	110.28	100.6	105.13
海水捕捞蟹	Marine fishing crab	115.63	123.03	100.00	105.27	105.27	108.18
梭子蟹	Swimming crab	115.63	123.03	100.00	105.27	105.27	108.18
青蟹	Green crab	105.28	101.75	101.04	104.93	102.79	
海水捕捞贝类	Marine fishing shellfish	102.22	107.06	109.32	110.98	127.38	
蛤	Clam	102.22	107.06	109.32	110.98	127.38	
海水捕捞软体水生动物	Marine fishing aquatic animals	115.24	107.17	94.93	98.92	104.32	111.36
墨鱼	Inkfish	115.39	97.46	86.68	103.10	96.09	
鱿鱼	Squid	115.24	107.17	94.93	98.92	104.32	111.36
淡水养殖产品	Freshwater aquacultural products	109.13	111.18	103.21	105.81	104.33	102.54
养殖淡水鱼	Freshwater aquacultural fish	106.83	110.72	102.42	102.25	105.19	102.51
养殖淡水鲤鱼	Carp	111.02	110.39	101.43	106.28	109.26	98.05
养殖淡水草鱼	Grass carp	106.09	111.33	104.10	102.24	104.28	103.54
养殖淡水鲢鱼	Silver carp	105.85	109.98	100.38	100.25	104.54	103.18
淡水养殖虾	Freshwater aquacultural shrimp	117.91	111.23	105.86	107.85	102.22	103.20
淡水养殖罗氏沼虾	M. Rosenbergii	125.20	114.07	99.65	110.54	100.75	109.00
淡水养殖青虾	Freshwater shirimp	110.61	108.38	112.07	105.16	103.70	97.38
淡水养殖蟹	Freshwater aquacultural crab	105.89	113.58	103.85	154.48	100.00	100.00
淡水养殖活河蟹	Live river crab	105.89	113.58	103.85	154.48	100.00	100.00
淡水养殖贝类	Freshwater aquacultural shellfish	108.90	169.08	97.64	98.00		
淡水养殖螺	Spiral shell	100.12	108.70	97.64	98.00	100.00	

2-8 全国农产品生产者价格指数(第三季度)
Producer Price Indices of Agricultural Products in the Third Quarter

(上年同期=100) (the same period of preceding year=100)

农产品名称	Categories of agricultural products	2011	2012	2013	2014	2015	2016
合 计	**All**	**120.52**	**100.10**	**104.33**	**100.27**	**104.09**	**100.40**
一、农业产品	I. Crop products	108.96	106.20	104.66	101.44	99.96	97.32
粮食	Grain	108.43	103.83	104.09	103.90	98.08	94.26
谷物	Cereal (unprocessed food grains)	108.54	104.01	103.86	103.97	97.87	94.07
稻谷	Paddy	116.49	105.63	100.41	103.19	101.45	97.54
早籼稻	Early long grained nonglutinous rice	117.08	106.00	100.37	103.37	100.72	97.14
晚籼稻	Late long grained nonglutinous rice	117.39	106.13	99.64	103.56	102.13	99.65
中籼稻	Medium long grained nonglutinous rice	118.53	105.40	100.75	101.49	101.53	100.00
粳稻	Round-grained rice	111.04	102.62	101.34	102.01	105.69	97.47
小麦	Wheat	103.76	102.13	106.60	104.34	96.80	95.78
硬质小麦	Hard-grained wheat	106.29	102.19	106.51	105.53	97.89	94.09
软质小麦	Soft-grained wheat	106.28	100.58	104.95	103.54	96.15	90.50
玉米	Maize (corn)	109.49	106.20	101.99	103.87	96.05	86.71
白玉米	White maize	105.10	107.98	99.57	103.06	97.90	82.58
黄玉米	Yellow maize	109.80	106.08	102.16	103.93	95.92	87.00
薯类	Potato	103.41	99.84	110.06	97.54	105.23	90.89
马铃薯	White potato	99.32	98.68	112.30	96.26	105.95	86.98
甘薯	Sweet potato	117.82	104.86	101.46	101.98	102.58	103.85
油料	Oil-bearing crops	115.95	104.38	103.91	100.06	98.44	100.44
花生	Peanut	123.08	103.34	101.45	99.85	103.93	103.65
油菜籽	Rapeseeds	114.27	104.79	104.73	100.56	96.78	99.19
芝麻	Sesame	99.73	98.02	107.69	103.72	93.78	92.48
豆类	Beans	107.93	102.04	106.07	104.06	99.55	98.06
大豆	Soybeans	109.28	104.84	106.48	103.32	99.61	97.20
绿豆	Mung beans	101.61	88.99	104.18	107.53	99.26	102.10
棉花	Cotton		96.44		94.91		
籽棉	Unginned cotton		96.44		94.91		
生麻	Fiber crops	108.46	104.45	97.38	114.96	110.05	98.60
生苎麻	Ramie	108.81	105.33	97.38	114.96	116.69	99.09
糖料	Sugar crops	119.29	123.34		100.00		
甘蔗	Sugarcane	119.29	123.34		100.00		
甜菜	Beet				100.00		

2-8 续表 1 continued 1

农产品名称	Categories of agricultural products	2011	2012	2013	2014	2015	2016
未加工烟草	Tobacco	110.63	111.78	105.28	101.03	100.80	96.07
未去梗烤烟叶	Flue-cured tobacco	111.74	114.91	108.93	100.71	104.80	101.37
未去梗晒烟叶	Sun-cured tobacco	109.52	108.65	101.62	101.35	96.80	90.76
蔬菜及食用菌	Vegetable and mushroom	108.40	107.92	107.06	97.25	107.10	96.80
蔬菜	Vegetable	108.94	109.09	108.88	97.36	108.36	96.57
叶菜类蔬菜	Leaf vegetable	112.75	110.46	113.37	96.44	110.47	94.64
芹菜	Celery	104.15	106.36	109.67	95.87	110.76	94.69
油菜	Rape	117.35	111.01	117.59	95.61	111.88	92.96
菠菜	Spinach	114.78	118.10	105.14	101.18	104.06	101.31
白菜类蔬菜	Cabbage vegetable	110.70	109.88	104.43	101.32	107.05	93.22
大白菜	Chinese cabbage	109.48	111.23	101.53	102.75	106.58	91.39
甘蓝类蔬菜	Wild cabbage vegetable	100.74	93.50	107.58	99.39	111.09	105.69
结球甘蓝	Wild cabbage	105.89	99.78	99.14	99.23	107.59	81.06
花椰菜	Cauliflower	99.85	92.41	109.04	99.42	111.70	109.94
根茎类蔬菜	Root and tuber vegetable	105.54	108.19	102.96	97.61	101.70	99.14
白萝卜	White radish	105.41	114.80	94.83	91.61	107.74	96.41
胡萝卜	Carrot	100.98	107.16	103.92	92.06	103.94	95.74
生姜	Ginger	93.22	83.16	115.99	145.98	90.33	71.15
瓜菜类蔬菜	Gourd vegetable	109.72	108.68	110.45	89.83	108.80	94.86
黄瓜	Cucumber	111.10	107.17	110.26	90.64	108.60	97.50
冬瓜	White gourd	105.21	112.00	111.03	87.86	110.17	89.08
豆类蔬菜	Garden beans	114.28	105.82	109.95	97.92	104.97	100.15
豇豆	Cowpeas	113.75	109.25	112.17	96.18	104.99	100.00
四季豆	Kidney beans	113.15	106.24	108.72	100.62	105.70	100.00
茄果类蔬菜	Eggplant, tomato and chili, etc.	108.38	106.24	109.21	94.26	104.50	91.39
茄子	Eggplant	103.26	111.10	110.22	90.41	103.77	92.04
青椒	Sweetbell	109.39	106.65	109.58	93.93	105.67	96.18
辣椒	Chili	104.06	102.94	108.44	93.68	104.91	92.81
西红柿	Tomato	113.46	103.70	108.61	97.47	104.49	88.71
莴苣及菊苣类蔬菜	Lettuce and chickory vegetable	108.97	113.25	112.25	100.62	109.42	98.76
生菜	Lettuce	114.10	120.10	114.93	96.80	112.37	103.65
莴笋	Asparagus lattuce	104.12	108.46	111.33	105.43	107.06	91.44

2-8 续表 2 continued 2

农产品名称	Categories of agricultural products	2011	2012	2013	2014	2015	2016
葱蒜类蔬菜	Onion and garlic	87.80	119.25	96.72	102.08	107.78	111.80
大葱	Scallion	108.79	114.69	94.42	99.17	110.19	89.52
大蒜	Garlic	57.20	132.01	94.65	99.56	108.57	124.95
水生蔬菜	Water vegetable	108.42	117.80	109.07	96.38	105.31	104.56
莲藕	Lotus root	106.78	107.41	112.21	93.17	101.72	95.72
食用菌	Mushroom	105.34	101.17	96.60	96.60	99.88	98.10
平菇	Oyster mushroom	107.44	101.72	102.50	101.43	101.25	99.44
金针菇	Golden mushroom	103.41	99.76	93.46	95.28	99.77	95.82
香菇	Mushroom (dried)	117.58	100.88	106.92	107.22	91.30	106.88
黑木耳	Black edible fungus (dried)	109.38	111.47	100.35	95.94	100.00	101.89
花卉	Flower	111.32	116.71	104.09	105.95	112.14	86.44
鲜切花及花蕾	Fresh flower	111.32	116.71	104.09	105.95	112.14	86.44
康乃馨	Carnation	110.83	118.56	105.45	113.95	125.00	73.33
满天星	June snow (serissa)	135.44	101.19	94.24	100.63	100.20	100.00
勿忘我	Forgetmenot	133.33	100.00	100.00	100.00		
玫瑰	Rugosa rose	94.78	132.09	112.38	104.20	96.36	101.03
百合花	Lily	103.84		104.29	100.00		
非洲菊	Flameray gerbera	115.32	101.61	96.88	86.67	95.65	
水果及坚果	Fruits and nuts	105.13	111.34	102.65	97.87	97.38	102.78
水果(园林水果)	Garden fruits	105.04	111.41	102.64	97.73	97.88	102.56
苹果	Apple	108.21	119.78	99.01	97.18	91.62	107.84
红富士苹果	Hongfushi apple	105.41	102.41	108.03	100.20	91.60	107.83
国光苹果	Guoguang apple	106.13	111.77	117.57	113.83		
梨	Pear	102.51	103.81	116.44	107.48	107.74	99.62
雪花梨	Snowflake pear	108.49	112.49	109.14	105.43	89.26	100.00
鸭梨	Ya-pear	100.91	97.88	119.74	108.38	105.79	104.17
柑橘类水果	Citrus	116.52	110.02	95.75	99.52	98.98	108.11
柑橘	Mandarin orange	115.52	104.17	102.82	106.67	98.82	108.15
橙	Orange	121.61	105.63	111.65	109.76	93.82	112.19
葡萄	Grape	113.43	99.52	108.31	102.77	94.54	100.41
巨峰葡萄	Jufeng grape	113.43	99.52	108.31	102.77	94.54	100.41

2-8 续表 3 continued 3

农产品名称	Categories of agricultural products	2011	2012	2013	2014	2015	2016
热带水果	Tropical and subtropics area fruits	84.61	116.47	109.38	90.45	89.38	137.48
香蕉	Banana	71.74	94.38	112.05	118.24	62.91	123.60
瓜类水果	Melon	105.10	116.92	96.27	94.12	101.96	97.47
西瓜	Watermelon	105.10	116.92	96.27	94.12	101.96	97.47
哈密瓜	Hami melon	108.70	118.71	86.94	99.67	100.98	
食用坚果	Nuts	107.56	109.47	102.85	101.49	83.92	108.74
核桃	Walnut	110.38	98.60	108.52	97.71	84.23	93.37
栗子	Chestnuts	96.38	136.24	89.70	109.49	80.22	133.59
茶及饮料原料	Tea and other beverages	113.94	106.42	102.54	103.53	98.32	100.26
茶叶	Tea	113.94	106.42	102.54	103.53	98.32	100.26
红茶	Black tea	110.33	112.30	104.39	96.53	94.59	97.91
绿茶	Green tea	115.09	105.49	104.98	103.59	98.40	100.15
清茶	Light tea	108.28	109.65	86.09	106.37	99.58	102.06
香料原料	Perfume crops	104.40	94.32	106.49	111.10	118.27	118.53
花椒	Chinese prickly ash	105.09	94.32	108.71	111.10	118.28	104.11
八椒	Anise	100.00		92.38		118.18	211.30
桂皮	Cassia bark	133.97		98.89	151.43		
中草药材	Chinese medicinal materials	117.00	109.00	113.97	108.00	95.81	118.70
人参	Ginseng	133.10	97.99	130.61	125.40		103.78
枸杞	Fruit of chinese wolfberry	113.90	79.26	123.12	118.28	111.16	
二、林业产品	II.Forestry products	113.98	102.22	99.44	103.20	100.58	92.22
木材采伐产品	Felling and transport of wood	109.90	109.05	98.59	108.18	105.92	89.09
原木	Log	109.90	109.05	98.59	108.18	105.92	89.09
红松原木	Korean pine	101.91	100.17	87.70	111.67	100.27	
马尾松原木	Masson pine	107.18	98.05	106.84	99.24	96.01	97.10
云南松原木	Yunnan pine	113.34	115.42	103.83	101.15	95.86	91.80
竹材采伐产品	Felling and transport of bamboo	110.14	103.87	102.18	100.87	98.53	97.51
竹材	Bamboo	110.14	103.87	102.18	100.87	98.53	97.51
毛竹	Mao bamboo	110.14	102.56	99.94	99.67	97.35	94.08
撑蒿竹	Hao bamboo		105.18	104.41	102.07	99.71	100.93
林产品	Industrial materials	132.95	66.40	86.81	85.86	83.95	93.84
天然橡胶	Rubber	133.11	66.40	86.74	85.74	83.92	93.82
天然橡胶乳	Latex rubber	139.13	68.09	90.03	85.93	81.95	91.71

2-8 续表 4 continued 4

农产品名称	Categories of agricultural products	2011	2012	2013	2014	2015	2016
天然树脂、树胶	Resin and gum	107.52	67.25	103.24	103.47	91.17	95.30
天然生漆	Raw lacquer	109.66		100.47	99.60		
天然松脂	Rosin	103.25	67.25	108.77	111.21	91.17	95.30
非直接食用果类	Not directly consumed products of forest	102.82			108.11		101.04
油桐籽	Seeds of tung oil tree	102.82			108.11		101.04
三、饲养动物及其产品	III.Livestock products	135.27	90.20	104.74	98.77	109.44	103.77
活牲畜	Livestock raising	144.30	85.77	104.96	96.16	114.62	107.35
猪	Hog (gross weight)	150.74	80.83	104.11	95.33	119.41	109.94
牛	Live cattle (gross weight)	109.55	114.44	109.11	104.98	98.87	97.25
羊	Live sheep	116.15	105.84	109.00	96.63	86.25	93.20
活家禽	Poultry (gross weight)	115.65	101.53	101.97	106.45	99.50	99.17
活鸡	Chicken	117.09	100.80	99.83	110.28	99.49	100.36
活鸭	Duck	113.47	102.28	107.75	101.06	102.00	95.97
活鹅	Goose	113.42	103.08	102.25	100.10	96.60	98.98
畜禽产品	Livestock and poultry products	113.09	99.86	105.90	103.67	95.69	92.60
生奶	Milk products	106.87	103.66	111.20	103.65	92.62	95.60
禽蛋	Eggs	114.65	98.91	104.57	110.67	96.47	91.84
鸡蛋	Chicken's eggs	115.31	99.84	102.44	113.41	94.19	94.05
鸭蛋	Duck's eggs	113.64	97.49	107.79	105.56	99.92	88.49
动物毛类	Hair and down products	116.93	96.52	98.75	90.69	105.50	91.06
绵羊毛	Sheep's wool	113.37	88.21	94.74	85.57	102.08	90.60
山羊毛	Goat's wool	120.93	110.63	101.47	97.80	125.43	86.60
兔毛	Rabbit hair	123.61	107.35	108.06	98.94	95.85	96.90
四、渔业产品	Iv.fishery products	111.88	103.70	103.49	100.13	101.25	103.30
海水养殖产品	Marine aquacultural products	112.32	99.23	102.31	98.32	105.43	102.49
海水养殖鱼	Marine aquacultural fish	111.16	95.98	101.95	108.69	99.33	96.28
海水养殖鲈鱼	Perch	112.06	98.81	109.27	96.02	99.65	108.91
海水养殖石斑鱼	Grouper	110.61	90.72	96.83	116.44	90.67	79.30
海水养殖大黄鱼	Large yellow croaker	110.81	98.41	99.75	113.61	107.67	100.64
海水养殖虾	Marine aquacultural shrimp	109.95	97.17	103.84	104.19	105.64	100.07
海水养殖中国对虾	Chinese prawn	109.95	97.17	103.84	104.19	105.64	100.07
海水养殖蟹	Marine aquacultural crab	111.57	109.00	96.96	90.39	110.11	106.56
海水养殖梭子蟹	Swimming crab	111.57	109.00	96.96	90.39	110.11	106.56

2-8 续表 5 continued 5

农产品名称	Categories of agricultural products	2011	2012	2013	2014	2015	2016
海水养殖贝类	Marine aquacultural shellfish	119.40	91.03	106.41	87.53	111.10	112.62
海水养殖牡蛎	Oyster	108.88	113.55	103.82	100.00	97.25	112.62
海水养殖扇贝	Scallop	129.97	68.42	109.01	75.00	125.00	
海水养殖藻类	Marine aquacultural seaweeds	107.25	107.01	104.86	97.45	99.06	93.95
海水养殖海带	Kelp	111.04	109.86	106.42	93.46	98.59	90.95
海水养殖紫菜	Laver	99.55	101.23	101.69	105.53	100.00	100.00
海水捕捞产品	Marine fishing products	112.64	104.72	104.19	98.64	103.08	104.47
海水捕捞鲜鱼	Marine fishing fish	113.08	106.27	105.43	99.20	103.13	99.75
大黄鱼	Large yellow croaker	112.80	107.22	101.22	91.10	104.31	92.58
小黄鱼	Small yellow croaker	116.51	104.69	114.55	103.82	104.49	100.52
带鱼	Hairtail	109.92	106.91	100.53	102.68	100.58	106.14
海水捕捞虾	Marine fishing shrimp	110.74	99.36	104.85	102.71	103.97	108.74
中国对虾	Chinese prawn	109.13	88.69	108.28	105.45	103.70	106.61
海水捕捞蟹	Marine fishing crab	112.05	103.45	94.65	83.30	106.81	95.92
梭子蟹	Swimming crab	112.05	103.45	94.65	83.30	106.81	95.92
青蟹	Green crab	107.34	101.02	103.94	99.90	99.41	
海水捕捞贝类	Marine fishing shellfish		111.11				115.84
蛤	Clam		111.11				115.84
海水捕捞软体水生动物	Marine fishing aquatic animals	116.33	106.32	104.32	98.39	96.46	117.23
墨鱼	Inkfish	130.84	101.62	99.01	89.15	90.91	
鱿鱼	Squid	116.33	106.32	104.32	98.39	96.46	117.23
淡水养殖产品	Freshwater aquacultural products	112.32	105.64	104.00	102.09	99.21	103.55
养殖淡水鱼	Freshwater aquacultural fish	112.54	105.46	103.50	99.67	97.90	102.71
养殖淡水鲤鱼	Carp	114.64	104.70	97.58	106.06	100.82	97.52
养殖淡水草鱼	Grass carp	111.02	105.10	105.80	99.20	96.50	106.76
养殖淡水鲢鱼	Silver carp	113.77	106.38	103.03	97.16	98.54	99.21
淡水养殖虾	Freshwater aquacultural shrimp	112.76	108.14	104.64	108.53	102.54	101.58
淡水养殖罗氏沼虾	M. Rosenbergii	110.13	106.80	103.52	109.72	101.86	101.51
淡水养殖青虾	Freshwater shirimp	115.39	109.47	105.75	107.33	103.21	101.65
淡水养殖蟹	Freshwater aquacultural crab	108.37	97.71	106.25	100.05	98.82	119.29
淡水养殖活河蟹	Live river crab	108.37	97.71	106.25	100.05	98.82	119.29
淡水养殖贝类	Freshwater aquacultural shellfish	118.29		96.67	112.50		
淡水养殖螺	Spiral shell	108.56	109.02	96.67	103.76		

2-9 全国农产品生产者价格指数(第四季度)
Producer Price Indices of Agricultural Products in the Fourth Quarter

(上年同期=100) (the same period of preceding year=100)

农产品名称	Categories of agricultural products	2011	2012	2013	2014	2015	2016
合　计	**All**	**111.90**	**100.31**	**104.18**	**98.43**	**101.23**	**101.45**
一、农业产品	I. Crop products	101.87	103.67	104.09	99.01	96.30	101.51
粮食	Grain	107.71	104.1293	102.50	102.30	94.34	97.05
谷物	Cereal (unprocessed food grains)	108.97	103.30	101.87	102.63	94.27	96.38
稻谷	Paddy	110.02	102.92	101.52	102.25	99.36	99.49
早籼稻	Early long grained nonglutinous rice	115.29	102.96	100.77	100.68	99.63	98.13
晚籼稻	Late long grained nonglutinous rice	114.39	102.29	102.94	103.32	100.00	101.09
中籼稻	Medium long grained nonglutinous rice	115.79	101.35	100.38	101.85	98.91	100.73
粳稻	Round- grained rice	105.20	103.55	101.03	102.05	98.99	98.65
小麦	Wheat	103.86	104.96	107.38	102.23	94.19	98.82
硬质小麦	Hard-grained wheat	102.89	105.31	108.04	102.65	96.34	100.00
软质小麦	Soft-grained wheat	106.76	101.04	104.21	103.64	95.24	96.43
玉米	Maize (corn)	109.38	103.12	99.80	103.02	87.09	91.36
白玉米	White maize	104.60	100.96	101.15	102.77	89.76	100.00
黄玉米	Yellow maize	109.71	103.27	99.70	103.04	86.90	90.76
薯类	Potato	104.00	116.69	112.32	96.76	98.57	103.49
马铃薯	White potato	98.99	125.38	115.29	95.05	96.20	103.08
甘薯	Sweet potato	118.45	97.84	107.14	100.60	102.84	102.60
油料	Oil-bearing crops	106.90	104.51	100.12	102.19	100.94	101.29
花生	Peanut	114.21	105.56	95.39	106.16	97.51	103.62
油菜籽	Rapeseeds	106.63	105.99	105.20	101.93	99.55	106.84
芝麻	Sesame	95.45	102.85	108.15	106.01	101.83	98.27
豆类	Beans	100.46	105.67	103.32	101.85	93.46	99.48
大豆	Soybeans	104.48	107.88	102.99	100.78	93.98	97.29
绿豆	Mung beans	83.73	96.48	104.69	106.32	91.29	108.59
棉花	Cotton	77.35	101.50	104.04	70.69	92.67	121.59
籽棉	Unginned cotton	77.35	101.50	104.04	70.69	92.67	121.59
生麻	Fiber crops	105.88	102.74	89.41	119.47	91.42	103.78
生苎麻	Ramie	105.88	101.81	89.41	119.47	91.42	103.78
糖料	Sugar crops	119.82	100.36	100.44	99.14	107.50	116.29
甘蔗	Sugarcane	115.45	94.41	101.09	99.73	107.58	118.31
甜菜	Beet	122.79	104.41	100.00	94.38	106.82	100.00

2-9 续表 1 continued 1

农产品名称	Categories of agricultural products	2011	2012	2013	2014	2015	2016
未加工烟草	Tobacco	112.95	111.65	108.24	101.44	102.33	97.46
未去梗烤烟叶	Flue-cured tobacco	113.70	114.37	111.20	102.09	102.85	97.52
未去梗晒烟叶	Sun-cured tobacco	112.19	108.93	105.28	100.79	101.80	97.39
蔬菜及食用菌	Vegetable and mushroom	98.21	103.48	106.97	97.93	102.31	105.61
蔬菜	Vegetable	97.84	103.91	109.76	98.18	103.58	108.88
叶菜类蔬菜	Leaf vegetable	102.27	104.84	109.54	99.20	104.16	111.69
芹菜	Celery	97.94	109.69	112.93	90.75	103.61	118.51
油菜	Rape	105.13	100.87	107.84	101.29	104.27	108.28
菠菜	Spinach	101.11	109.28	108.27	111.07	105.01	109.07
白菜类蔬菜	Cabbage vegetable	82.72	100.58	113.94	97.55	101.75	111.55
大白菜	Chinese cabbage	72.10	101.22	118.27	95.35	103.67	114.53
甘蓝类蔬菜	Wild cabbage vegetable	97.55	105.54	111.46	89.51	99.05	118.98
结球甘蓝	Wild cabbage	100.31	105.23	120.00	81.88	106.25	125.58
花椰菜	Cauliflower	97.08	105.59	110.00	90.82	97.81	117.85
根茎类蔬菜	Root and tuber vegetable	101.68	104.26	101.58	99.15	95.17	105.10
白萝卜	White radish	102.76	103.66	109.09	94.19	97.64	110.20
胡萝卜	Carrot	104.18	105.24	107.46	100.95	107.32	103.55
生姜	Ginger	69.98	85.81	131.53	120.59	64.54	91.96
瓜菜类蔬菜	Gourd vegetable	105.39	104.05	109.48	101.69	107.69	94.63
黄瓜	Cucumber	104.30	103.56	109.86	103.73	106.34	95.95
冬瓜	White gourd	108.27	106.65	108.89	97.28	112.74	90.07
豆类蔬菜	Garden beans	106.04	96.90	106.47	97.24	102.16	104.82
豇豆	Cowpeas	106.68	95.23	104.21	94.57	104.38	105.17
四季豆	Kidney beans	106.35	101.18	110.40	95.55	103.47	106.84
茄果类蔬菜	Eggplant, tomato and chili, etc.	101.43	105.75	110.56	91.88	106.76	103.71
茄子	Eggplant	103.34	101.65	108.91	90.95	103.59	104.07
青椒	Sweetbell	105.42	103.22	108.20	95.40	103.47	107.16
辣椒	Chili	103.47	95.68	112.97	94.65	102.76	108.31
西红柿	Tomato	97.84	113.47	111.73	90.32	111.80	100.52
莴苣及菊苣类蔬菜	Lettuce and chickory vegetable	105.07	104.22	109.82	101.33	102.18	108.13
生菜	Lettuce	105.37	102.62	111.15	102.72	108.28	102.84
莴笋	Asparagus lattuce	103.74	106.91	104.76	100.00	94.07	119.48

2-9 续表 2 continued 2

农产品名称	Categories of agricultural products	2011	2012	2013	2014	2015	2016
葱蒜类蔬菜	Onion and garlic	95.60	108.61	104.55	102.51	113.18	108.07
大葱	Scallion	96.89	106.78	111.92	89.72	117.22	96.10
大蒜	Garlic	93.15	112.72	99.21	107.90	111.02	113.70
水生蔬菜	Water vegetable	102.02	100.12	108.29	97.74	102.12	107.79
莲藕	Lotus root	103.16	105.29	105.42	104.18	97.82	103.13
食用菌	Mushroom	99.17	102.38	99.79	97.29	99.04	97.16
平菇	Oyster mushroom	105.34	108.91	101.64	98.80	98.55	108.04
金针菇	Golden mushroom	97.74	100.25	101.07	96.11	100.34	93.62
香菇	Mushroom (dried)	94.13	113.35	107.53	101.24	93.43	103.20
黑木耳	Black edible fungus (dried)	105.48	105.97	105.03	93.29	100.47	101.71
花卉	Flower	104.21	100.93	103.89	101.14	107.27	106.75
鲜切花及花蕾	Fresh flower	104.21	100.93	103.89	101.14	107.27	106.75
康乃馨	Carnation	107.19	93.14	106.15	101.72	113.43	105.56
满天星	June snow (serissa)	106.39	100.00	101.29	100.00	150.00	100.00
勿忘我	Forgetmenot	105.56	100.00	102.56	100.00	100.00	100.00
玫瑰	Rugosa rose	109.13	105.54	104.41	101.09	90.89	110.75
百合花	Lily	93.99	105.33	102.04	101.13	97.28	107.27
非洲菊	Flameray gerbera	93.42	108.72	115.79	83.33	111.76	
水果及坚果	Fruits and nuts	103.90	101.00	106.81	104.09	92.93	98.89
水果(园林水果)	Garden fruits	104.42	99.41	107.16	104.18	93.75	98.58
苹果	Apple	109.96	95.62	104.42	114.82	83.47	90.25
红富士苹果	Hongfushi apple	110.20	96.11	104.24	115.15	83.54	90.30
国光苹果	Guoguang apple	101.29	103.65	103.97	117.18	81.46	120.53
梨	Pear	105.99	102.64	116.07	107.22	88.20	92.97
雪花梨	Snowflake pear	94.92	101.27	104.01	112.97	87.39	100.99
鸭梨	Ya-pear	107.75	105.47	115.14	109.23	88.24	90.70
柑橘类水果	Citrus	99.68	101.52	107.61	104.41	105.88	112.81
柑橘	Mandarin orange	101.35	97.20	111.71	97.74	102.11	115.74
橙	Orange	93.64	107.98	102.73	114.10	108.86	113.81
葡萄	Grape	101.54	98.70	105.99	96.01	96.12	97.96
巨峰葡萄	Jufeng grape	101.54	98.70	105.99	96.01	96.12	97.96

2-9 续表 3 continued 3

农产品名称	Categories of agricultural products	2011	2012	2013	2014	2015	2016
热带水果	Tropical and subtropics area fruits	117.13	89.85	116.50	109.47	72.45	104.22
香蕉	Banana	119.54	89.36	113.17	114.39	60.20	109.00
瓜类水果	Melon	108.95	96.34	105.62	89.58	117.02	106.54
西瓜	Watermelon	108.95	96.34	105.62	89.58	117.02	106.54
哈密瓜	Hami melon	85.55	109.94	59.08	99.28	139.20	
食用坚果	Nuts	98.54	117.38	103.18	103.14	84.50	102.03
核桃	Walnut	95.46	111.09	107.68	100.04	85.15	92.81
栗子	Chestnuts	103.08	127.76	95.90	107.13	83.12	115.99
茶及饮料原料	Tea and other beverages	112.42	104.75	103.35	102.71	95.86	101.97
茶叶	Tea	112.42	104.75	104.94	102.71	95.86	101.97
红茶	Black tea	110.59	117.01	90.65	105.92	88.52	106.45
绿茶	Green tea	112.28	103.31	105.50	102.77	95.61	101.19
清茶	Light tea	114.13	108.23	107.97	100.89	100.85	104.77
香料原料	Perfume crops	108.14	99.21	112.61	115.77	101.92	127.55
花椒	Light teaChinese prickly ash	108.14	99.21	112.61	115.77	105.16	105.59
八椒	Anise					91.26	201.78
桂皮	Cassia bark				155.56		
中草药材	Chinese medicinal materials	120.65	99.65	99.59	89.96	97.88	105.63
人参	Ginseng	129.92	93.88	101.22			100.19
枸杞	Fruit of chinese wolfberry	89.61	88.67	112.12	108.90	101.17	
二、林业产品	II.Forestry products	112.87	97.14	102.77	97.87	94.71	101.19
木材采伐产品	Felling and transport of wood	112.83	96.28	104.58	103.97	94.18	99.10
原木	Log	112.83	96.28	104.58	103.97	94.18	99.10
红松原木	Korean pine	115.85	100.65	100.20	103.41	96.50	99.96
马尾松原木	Masson pine	106.23	102.72	100.09	99.09	97.23	96.55
云南松原木	Yunnan pine	114.07	105.70	103.10	101.25	97.38	99.25
竹材采伐产品	Felling and transport of bamboo	117.60	104.26	100.89	100.25	95.79	97.14
竹材	Bamboo	117.60	104.26	100.89	100.25	95.79	97.14
毛竹	Mao bamboo	108.41	101.44	100.61	100.24	96.26	95.03
撑蒿竹	Hao bamboo	126.80	107.08	101.17	100.26	95.31	99.25
林产品	Industrial materials	104.28	79.53	95.12	74.14	87.75	115.31
天然橡胶	Rubber	104.26	78.02	91.17	72.25	86.96	115.87
天然橡胶乳	Latex rubber	104.26	78.02	91.17	72.25	86.96	115.87

2-9 续表 4 continued 4

农产品名称	Categories of agricultural products	2011	2012	2013	2014	2015	2016
天然树脂、树胶	Resin and gum				91.13	81.95	97.25
天然生漆	Raw lacquer	105.55	122.69			72.00	
天然松脂	Rosin	90.72	89.01	132.70	91.13	90.95	97.25
非直接食用果类	Not directly consumed products of forest	104.41	91.09	125.42	88.47	93.78	111.18
油桐籽	Seeds of tung oil tree	104.41	91.09	125.42	88.47	93.78	111.18
三、饲养动物及其产品	III.Livestock products	121.87	96.31	104.74	96.99	106.15	100.65
活牲畜	Livestock raising	126.72	93.26	104.81	93.81	109.19	101.84
猪	Hog (gross weight)	129.89	88.24	103.20	92.87	112.93	102.71
牛	Live cattle (gross weight)	110.67	120.86	112.11	101.36	98.64	97.25
羊	Live sheep	118.28	104.38	109.95	93.45	90.63	99.66
活家禽	Poultry (gross weight)	108.48	104.89	104.68	103.87	102.98	98.81
活鸡	Chicken	108.66	104.49	104.38	103.98	96.60	98.58
活鸭	Duck	108.85	106.49	104.24	104.27	109.85	103.15
活鹅	Goose	107.20	104.31	106.62	102.83	120.30	93.53
畜禽产品	Livestock and poultry products	108.50	104.63	104.46	107.39	93.33	96.14
生奶	Milk products	105.12	105.26	114.32	96.79	94.38	98.94
禽蛋	Eggs	109.45	104.45	101.69	110.36	93.03	95.35
鸡蛋	Chicken's eggs	109.73	104.58	100.40	111.66	92.44	95.62
鸭蛋	Duck's eggs	108.07	103.80	107.94	104.11	95.89	94.06
动物毛类	Hair and down products	111.11	111.20	97.44	98.25	90.40	97.58
绵羊毛	Sheep's wool	110.98	110.39	88.26	99.77	96.32	101.30
山羊毛	Goat's wool		98.03	100.00	98.13	73.45	96.80
兔毛	Rabbit hair	111.50	113.64	122.44	96.85	89.60	87.20
四、渔业产品	Iv.fishery products	108.70	104.12	103.40	101.04	102.08	103.52
海水养殖产品	Marine aquacultural products	109.73	98.24	95.70	104.06	100.19	105.64
海水养殖鱼	Marine aquacultural fish	110.35	93.60	88.73	110.07	95.19	102.15
海水养殖鲈鱼	Perch	100.22	100.32	101.92	107.93	93.53	103.20
海水养殖石斑鱼	Grouper	116.64	93.15	73.73	115.17	85.88	99.24
海水养殖大黄鱼	Large yellow croaker	114.18	87.32	90.54	107.12	106.16	104.01
海水养殖虾	Marine aquacultural shrimp	106.15	105.55	111.72	99.10	105.56	105.80
海水养殖中国对虾	Chinese prawn	106.15	105.55	111.72	99.10	105.56	105.80
海水养殖蟹	Marine aquacultural crab	107.51	111.31	102.45	89.71	120.38	118.00
海水养殖梭子蟹	Swimming crab	107.51	111.31	102.45	89.71	120.38	118.00

2-9 续表 5

continued 5

农产品名称	Categories of agricultural products	2011	2012	2013	2014	2015	2016
海水养殖贝类	Marine aquacultural shellfish	113.96	88.24	105.16	92.79	103.53	117.95
海水养殖牡蛎	Oyster	106.63	101.40	109.14	107.24	110.63	102.99
海水养殖扇贝	Scallop	121.36	74.96	101.15	78.22	96.36	133.10
海水养殖藻类	Marine aquacultural seaweeds	113.06	117.58	108.80	90.20	94.25	104.33
海水养殖海带	Kelp	115.22	120.43	92.47	77.67	88.21	103.56
海水养殖紫菜	Laver	108.69	111.83	141.76	115.47	106.44	105.87
海水捕捞产品	Marine fishing products	111.46	111.80	104.48	100.08	104.55	103.79
海水捕捞鲜鱼	Marine fishing fish	111.20	120.15	106.86	101.91	104.48	96.59
大黄鱼	Large yellow croaker	101.50	106.93	104.98	107.09	101.06	83.33
小黄鱼	Small yellow croaker	116.58	148.42	106.51	100.14	107.51	101.02
带鱼	Hairtail	115.52	105.14	109.10	98.52	104.86	105.40
海水捕捞虾	Marine fishing shrimp	113.75	105.63	111.74	99.68	103.02	107.25
中国对虾	Chinese prawn	114.88	103.25	116.44	106.57	105.56	98.38
海水捕捞蟹	Marine fishing crab	108.19	104.31	79.45	90.56	109.64	110.07
梭子蟹	Swimming crab	108.19	104.31	79.45	90.56	109.64	110.07
青蟹	Green crab	111.48	98.56	97.11	103.93	103.94	
海水捕捞贝类	Marine fishing shellfish	102.61	100.00	101.09	107.35	103.87	109.41
蛤	Clam	102.61	100.00	101.09	107.35	103.87	109.41
海水捕捞软体水生动物	Marine fishing aquatic animals	118.27	99.48	96.83	92.51	105.15	124.79
墨鱼	Inkfish	123.19	103.68	96.91	98.57	98.71	
鱿鱼	Squid	118.27	99.48	96.83	92.51	105.15	124.79
淡水养殖产品	Freshwater aquacultural products	107.49	103.58	106.75	99.47	102.39	102.52
养殖淡水鱼	Freshwater aquacultural fish	109.65	103.24	104.98	97.54	101.57	101.04
养殖淡水鲤鱼	Carp	112.06	98.95	103.86	103.59	106.07	96.96
养殖淡水草鱼	Grass carp	109.07	104.05	105.81	96.18	99.46	104.27
养殖淡水鲢鱼	Silver carp	109.00	104.69	104.49	95.78	101.83	99.74
淡水养殖虾	Freshwater aquacultural shrimp	107.73	106.85	108.58	107.08	103.09	101.21
淡水养殖罗氏沼虾	M. Rosenbergii	100.94	105.26	113.54	106.52	105.21	100.87
淡水养殖青虾	Freshwater shirimp	114.53	108.44	103.61	107.64	100.96	101.56
淡水养殖蟹	Freshwater aquacultural crab	102.48	100.90	108.88	96.56	103.51	107.62
淡水养殖活河蟹	Live river crab	102.48	100.90	108.88	96.56	103.51	107.62
淡水养殖贝类	Freshwater aquacultural shellfish	111.11	116.30	96.69			
淡水养殖螺	Spiral shell	105.26	94.26	96.69			

2-10 各地区农产品生产者价格总指数
Producer Price Indices of Agricultural Products by Region

(上年=100) (preceding year=100)

地 区	Region	2011	2012	2013	2014	2015	2016
全 国	**National**	**116.45**	**102.74**	**103.22**	**99.83**	**101.67**	**103.42**
北 京	Beijing	110.71	104.73	104.72	99.70	99.76	99.65
天 津	Tianjin	105.02	105.25	105.36	102.85	100.66	102.96
河 北	Hebei	110.86	100.66	105.07	100.23	97.50	96.76
山 西	Shanxi	110.96	101.34	106.13	101.48	95.84	95.24
内蒙古	Inner Mongolia	112.78	104.72	103.26	102.67	97.95	95.14
辽 宁	Liaoning	114.16	106.56	101.10	101.70	99.53	100.73
吉 林	Jilin	116.84	105.05	100.36	102.90	100.59	93.09
黑龙江	Heilongjiang	116.46	105.90	100.99	101.04	98.74	93.64
上 海	Shanghai	110.85	101.44	104.13	99.49	102.39	106.6
江 苏	Jiangsu	112.11	103.74	103.36	101.33	102.31	103.95
浙 江	Zhejiang	113.63	104.30	103.03	99.47	101.96	104.47
安 徽	Anhui	112.83	102.95	103.71	100.21	99.76	100.95
福 建	Fujian	113.25	102.68	103.02	100.30	101.24	108.26
江 西	Jiangxi	114.32	103.51	102.25	100.27	103.65	104.09
山 东	Shandong	109.66	102.46	105.91	100.48	100.06	102.84
河 南	Henan	111.48	102.39	102.57	97.54	100.71	103.19
湖 北	Hubei	111.70	103.27	101.82	100.03	99.47	106.18
湖 南	Hunan	121.94	100.19	102.05	98.64	104.09	104.72
广 东	Guangdong	112.41	103.38	103.54	102.24	102.32	106.49
广 西	Guangxi	124.54	99.36	102.54	98.05	101.97	106.07
海 南	Hainan	115.26	103.25	99.96	105.60	99.11	106.65
重 庆	Chongqing	120.16	104.62	102.96	100.15	102.35	109.81
四 川	Sichuan	117.82	104.02	102.61	99.94	103.26	105.55
贵 州	Guizhou	120.29	104.27	102.42	99.47	104.64	108.71
云 南	Yunnan	117.85	110.74	104.90	100.60	101.28	103.91
陕 西	Shaanxi	113.81	102.58	107.36	102.09	96.32	98.02
甘 肃	Gansu	111.32	105.94	105.86	102.08	99.84	99.19
青 海	Qinghai	117.25	108.23	110.38	99.99	96.06	104.51
宁 夏	Ningxia	111.34	103.61	106.69	98.27	98.37	98.72
新 疆	Xinjiang	103.70	103.17	108.48	97.83	90.41	107.61

2-11 各地区种植业产品生产者价格指数
Producers Price Indices of Crop Products by Region

(上年=100) (preceding year=100)

地区	Region	2011	2012	2013	2014	2015	2016
全国	**National**	**107.83**	**104.80**	**104.25**	**101.79**	**99.22**	**97.02**
北京	Beijing	101.64	107.89	105.46	100.06	97.54	94.68
天津	Tianjin	102.00	109.85	106.22	103.13	100.82	97.97
河北	Hebei	105.98	103.14	106.79	97.23	97.26	92.71
山西	Shanxi	107.68	103.36	105.73	101.44	94.48	91.23
内蒙古	Inner Mongolia	106.85	105.36	102.15	103.41	100.30	91.43
辽宁	Liaoning	107.19	109.40	100.28	101.44	99.78	94.33
吉林	Jilin	113.30	107.57	98.88	104.72	99.75	87.53
黑龙江	Heilongjiang	114.26	106.99	100.15	101.93	97.44	90.04
上海	Shanghai	106.05	103.41	104.52	98.77	102.43	105.27
江苏	Jiangsu	109.02	105.01	104.68	102.11	100.51	99.17
浙江	Zhejiang	108.30	106.27	102.52	100.50	99.85	101.54
安徽	Anhui	106.09	103.02	103.83	100.71	97.84	97.63
福建	Fujian	108.77	104.72	104.71	105.88	100.82	108.76
江西	Jiangxi	110.68	105.86	100.91	102.61	99.05	99.10
山东	Shandong	101.97	104.31	111.05	102.42	98.29	98.46
河南	Henan	103.82	104.04	102.70	98.86	95.85	96.39
湖北	Hubei	105.54	103.61	101.30	100.09	96.32	100.92
湖南	Hunan	116.07	103.12	101.05	100.04	101.45	96.18
广东	Guangdong	108.62	106.85	106.26	102.43	103.20	107.86
广西	Guangxi	114.92	107.16	106.41	98.36	98.80	103.20
海南	Hainan	112.63	109.05	99.27	111.50	102.03	113.25
重庆	Chongqing	113.82	105.99	103.08	102.62	100.56	104.35
四川	Sichuan	110.53	107.60	102.28	101.04	101.72	101.32
贵州	Guizhou	112.04	106.11	102.32	103.34	101.67	101.85
云南	Yunnan	112.29	113.65	107.61	103.07	100.54	101.13
陕西	Shaanxi	107.97	102.49	110.30	104.75	94.72	94.77
甘肃	Gansu	109.28	106.90	105.67	103.91	100.88	97.11
青海	Qinghai	109.47	104.38	108.31	99.24	92.73	99.94
宁夏	Ningxia	107.15	103.85	106.08	100.11	104.92	96.42
新疆	Xinjiang	90.23	100.20	101.05	101.96	90.00	110.68

2-12 各地区林业产品生产者价格指数
Producers Price Indices of Forestry Products by Region

(上年=100) (preceding year=100)

地　区	Region	2011	2012	2013	2014	2015	2016
全　国	**National**	**114.92**	**101.23**	**99.09**	**99.44**	**97.88**	**96.11**
北　京	Beijing	109.05	107.75	111.30			
天　津	Tianjin						
河　北	Hebei	106.96	106.83	82.95		94.53	96.27
山　西	Shanxi	109.86	108.07	116.12	100.75	93.79	84.88
内蒙古	Inner Mongolia	117.31	93.04	91.42	108.12	98.47	91.76
辽　宁	Liaoning	119.45	113.58	74.87	106.00	96.98	95.64
吉　林	Jilin	114.41	107.80	92.31	104.89	100.03	98.32
黑龙江	Heilongjiang	130.49	93.54	81.20	96.18	101.42	85.30
上　海	Shanghai	106.34	111.00	97.14	109.15	102.00	104.43
江　苏	Jiangsu	106.97	104.50	104.63	104.42	99.08	98.51
浙　江	Zhejiang	113.72	106.08	97.54	102.30	98.82	101.74
安　徽	Anhui	110.73	106.79	103.95	102.33	95.26	94.92
福　建	Fujian	110.09	105.71	106.43	101.65	93.30	95.66
江　西	Jiangxi	108.70	105.08	103.77	101.80	96.63	97.92
山　东	Shandong	105.64	101.88	103.88	99.88	100.93	98.71
河　南	Henan	101.94	111.37	103.11	106.20	84.92	102.9
湖　北	Hubei	108.36	107.46	104.43	103.98	99.52	99.56
湖　南	Hunan	107.23	104.08	111.52	104.86	96.34	92.96
广　东	Guangdong	108.65	101.82	105.19	103.59	99.86	98.39
广　西	Guangxi	109.52	99.39	103.71	103.24	97.69	95.14
海　南	Hainan	122.05	78.37	81.82	81.06	83.77	101.61
重　庆	Chongqing	113.54	103.84	102.26	103.18	94.47	107.31
四　川	Sichuan	105.04	104.42	102.09	103.87	101.18	98.95
贵　州	Guizhou	104.32	103.72	101.49	100.20	100.92	102.07
云　南	Yunnan	117.29	92.17	109.92	95.00	92.27	87.29
陕　西	Shaanxi	107.49	110.94	95.15	98.85	81.84	71.02
甘　肃	Gansu	125.00					
青　海	Qinghai			101.61			
宁　夏	Ningxia						
新　疆	Xinjiang	102.26	99.33	101.40	100.25	100.48	89.88

2-13 各地区饲养动物及其产品生产者价格指数
Producers Price Indices of Livestock Products by Region

(上年=100) (preceding year=100)

地区	Region	2011	2012	2013	2014	2015	2016
全国	**National**	**126.20**	**99.73**	**102.40**	**97.10**	**104.23**	**110.37**
北京	Beijing	120.59	100.71	104.24	99.48	101.88	104.71
天津	Tianjin	111.52	100.88	101.00	101.12	100.55	109.01
河北	Hebei	116.50	97.35	104.66	103.58	97.33	103.31
山西	Shanxi	116.85	97.87	107.14	101.67	98.19	102.14
内蒙古	Inner Mongolia	115.82	104.90	105.33	101.48	95.52	98.88
辽宁	Liaoning	122.27	102.63	102.29	101.96	99.27	108.84
吉林	Jilin	127.55	97.40	104.95	97.41	103.13	109.76
黑龙江	Heilongjiang	118.23	100.43	105.72	96.51	105.50	112.40
上海	Shanghai	121.42	94.41	101.86	99.76	103.55	110.10
江苏	Jiangsu	118.45	97.64	100.39	98.83	105.69	108.78
浙江	Zhejiang	121.24	99.84	101.43	95.05	104.28	110.15
安徽	Anhui	126.70	97.37	102.14	97.90	105.05	109.42
福建	Fujian	122.11	94.25	101.17	97.37	107.97	115.72
江西	Jiangxi	125.32	96.05	101.65	94.98	112.32	113.56
山东	Shandong	121.56	96.74	98.71	99.49	103.32	109.74
河南	Henan	124.19	96.32	102.03	94.68	109.22	113.98
湖北	Hubei	128.86	98.58	99.76	98.50	107.61	117.52
湖南	Hunan	131.19	95.98	102.23	95.93	108.06	115.87
广东	Guangdong	121.66	97.62	99.74	98.56	103.05	109.21
广西	Guangxi	139.09	92.46	98.52	96.14	108.00	115.69
海南	Hainan	123.25	99.12	102.62	103.82	102.52	108.10
重庆	Chongqing	126.57	103.33	102.91	97.63	104.41	114.83
四川	Sichuan	124.43	101.15	102.62	98.46	105.27	109.77
贵州	Guizhou	127.25	102.84	102.54	96.47	106.29	114.28
云南	Yunnan	131.79	104.69	98.13	96.11	103.18	110.17
陕西	Shaanxi	128.61	101.39	101.92	96.58	100.09	106.12
甘肃	Gansu	115.64	106.25	106.25	98.21	97.54	103.73
青海	Qinghai	124.41	111.77	112.29	100.69	101.40	106.72
宁夏	Ningxia	115.84	102.75	108.93	96.22	91.28	101.27
新疆	Xinjiang	112.19	105.05	113.26	100.88	92.10	100.71

2-14 各地区渔业产品生产者价格指数
Indices of Producers' Prices of Fishery Products by Region

(上年=100) (preceding year=100)

地 区	Region	2011	2012	2013	2014	2015	2016
全 国	**National**	**110.04**	**106.18**	**104.32**	**103.10**	**102.45**	**103.40**
北 京	Beijing	107.94	112.57	98.97	97.53	101.01	99.04
天 津	Tianjin	103.77	100.79	112.56	106.08	100.34	106.11
河 北	Hebei	111.62	104.87	93.86	101.67	105.74	99.46
山 西	Shanxi	102.72	96.98	88.43	97.18	95.22	101.66
内蒙古	Inner Mongolia	135.56	107.29	101.1	101.84	97.55	99.80
辽 宁	Liaoning	107.92	113.73	102.24	101.34	99.84	99.85
吉 林	Jilin	115.50	110.45	103.54	96.38	98.18	98.57
黑龙江	Heilongjiang	104.37	100.15	93.37	98.52	95.80	104.24
上 海	Shanghai	113.18	104.09	106.92	99.69	100.88	106.44
江 苏	Jiangsu	109.48	110.09	104.53	103.11	100.85	106.73
浙 江	Zhejiang	117.41	103.99	108.26	100.13	104.60	105.84
安 徽	Anhui	112.45	110.83	107.55	102.92	99.62	101.34
福 建	Fujian	111.02	107.00	102.09	96.89	100.54	107.29
江 西	Jiangxi	104.25	112.30	107.77	103.72	103.88	103.20
山 东	Shandong	113.20	105.71	103.13	97.96	100.31	103.28
河 南	Henan	105.66	106.15	110.76	105.99	99.44	99.31
湖 北	Hubei	108.40	107.20	109.14	102.37	96.72	106.94
湖 南	Hunan	108.09	104.55	104.89	102.66	101.15	103.13
广 东	Guangdong	107.56	104.54	102.75	105.41	101.09	104.21
广 西	Guangxi	109.20	97.65	103.73	101.54	99.35	103.58
海 南	Hainan	109.35	107.27	108.83	104.60	99.54	104.89
重 庆	Chongqing	108.19	108.09	102.04	104.69	101.19	104.22
四 川	Sichuan	106.81	105.25	104.42	102.53	98.63	101.42
贵 州	Guizhou	114.94	108.28	102.22	102.50	104.44	101.02
云 南	Yunnan	107.24	100.72	98.20	101.51	97.99	102.45
陕 西	Shaanxi	98.97	113.68	104.57	101.52	102.37	97.41
甘 肃	Gansu	119.84	108.58	108.43	79.47	100.60	99.52
青 海	Qinghai					100.22	99.45
宁 夏	Ningxia	110.22	112.13	84.38	99.92	100.70	97.08
新 疆	Xinjiang	106.52	104.07	105.24	108.25	104.39	91.55

2-15 各地区种植业产品生产者价格分类指数
Producer Price Indices of Crop Products by Region and Category

(上年=100) (preceding year=100)

地　区	Region	种植业产品 Crop products 2015	2016	谷物(原粮) Cereal (unprocessed food grains) 2015	2016
全　国	**National**	**99.22**	**97.02**	**98.67**	**92.17**
北　京	Beijing	97.54	94.68	92.37	85.33
天　津	Tianjin	100.82	97.97	90.93	79.90
河　北	Hebei	97.26	92.71	97.28	90.58
山　西	Shanxi	94.48	91.23	94.97	85.72
内蒙古	Inner Mongolia	100.30	91.43	98.34	87.07
辽　宁	Liaoning	99.78	94.33	99.43	90.03
吉　林	Jilin	99.75	87.53	98.83	85.97
黑龙江	Heilongjiang	97.44	90.04	97.87	88.14
上　海	Shanghai	102.43	105.27	99.84	98.38
江　苏	Jiangsu	100.51	99.17	101.48	92.84
浙　江	Zhejiang	99.85	101.54	100.57	97.81
安　徽	Anhui	97.84	97.63	98.25	95.05
福　建	Fujian	100.82	108.76	106.34	98.76
江　西	Jiangxi	99.05	99.10	98.44	95.39
山　东	Shandong	98.29	98.46	94.57	89.93
河　南	Henan	95.85	96.39	94.34	91.37
湖　北	Hubei	96.32	100.92	97.92	96.36
湖　南	Hunan	101.45	96.18	102.16	96.18
广　东	Guangdong	103.20	107.86	106.34	98.68
广　西	Guangxi	98.80	103.20	99.61	95.25
海　南	Hainan	102.03	113.25	100.27	97.98
重　庆	Chongqing	100.56	104.35	102.56	99.79
四　川	Sichuan	101.72	101.32	100.58	98.66
贵　州	Guizhou	101.67	101.85	102.18	97.15
云　南	Yunnan	100.54	101.13	99.73	96.13
陕　西	Shaanxi	94.72	94.77	93.73	85.04
甘　肃	Gansu	100.88	97.11	98.17	89.68
青　海	Qinghai	92.73	99.94	100.63	97.72
宁　夏	Ningxia	104.92	96.42	100.76	90.89
新　疆	Xinjiang	90.00	110.68	97.86	91.19

2-15 续表 1 continued 1

地　区	Region	蔬菜及食用菌 Vegetable and mushroom		水果及坚果 Fruits and nuts	
		2015	2016	2015	2016
全　国	**National**	**103.65**	**105.97**	**99.37**	**92.76**
北　京	Beijing	101.90	103.16	93.72	87.95
天　津	Tianjin	109.39	102.09	93.04	107.51
河　北	Hebei	107.04	106.12	85.72	79.40
山　西	Shanxi	100.73	103.45	86.48	85.09
内蒙古	Inner Mongolia	100.27	102.68	134.88	82.17
辽　宁	Liaoning	105.72	104.77	93.21	104.17
吉　林	Jilin	108.39	97.92	103.92	82.36
黑龙江	Heilongjiang	102.91	97.20	96.52	104.88
上　海	Shanghai	106.02	105.97	98.70	111.79
江　苏	Jiangsu	100.90	105.06	102.85	104.16
浙　江	Zhejiang	100.41	104.22	100.63	101.83
安　徽	Anhui	99.93	105.88	106.06	106.15
福　建	Fujian	102.79	108.14	94.77	127.84
江　西	Jiangxi	102.48	107.92	98.82	99.37
山　东	Shandong	109.08	110.12	98.30	93.49
河　南	Henan	101.28	108.27	95.38	96.75
湖　北	Hubei	101.58	103.71	102.84	110.05
湖　南	Hunan	101.56	101.60	111.34	82.08
广　东	Guangdong	103.70	114.83	103.87	110.49
广　西	Guangxi	103.43	101.89	93.86	103.94
海　南	Hainan	97.76	114.80	105.76	105.63
重　庆	Chongqing	98.04	110.65	108.17	102.07
四　川	Sichuan	103.43	106.31	95.83	99.98
贵　州	Guizhou	101.42	101.01	98.12	106.66
云　南	Yunnan	97.75	106.71	83.46	100.88
陕　西	Shaanxi	108.21	101.65	87.34	96.11
甘　肃	Gansu	105.11	108.01	103.55	82.76
青　海	Qinghai	104.48	101.21		
宁　夏	Ningxia	122.30	99.36	114.69	92.04
新　疆	Xinjiang	104.93	111.83	96.44	98.68

2-15 续表 2 continued 2

地 区	Region	薯类 Potato		豆类 Beans		油料 Oil-bearing crops	
		2015	2016	2015	2016	2015	2016
全 国	**National**	**99.31**	**105.75**	**98.93**	**97.91**	**100.84**	**101.05**
北 京	Beijing						
天 津	Tianjin		50.00				
河 北	Hebei	79.84	106.13	99.65	98.94	109.81	99.84
山 西	Shanxi	92.97	117.83	103.53	101.59	100.00	
内蒙古	Inner Mongolia	96.83	107.77	94.24	98.32	98.62	95.45
辽 宁	Liaoning	103.44	92.35	99.39	95.63	84.56	94.88
吉 林	Jilin	96.73	100.90	102.52	97.45	101.59	88.72
黑龙江	Heilongjiang	101.71	95.24	95.63	92.09	117.62	96.25
上 海	Shanghai					70.00	111.5
江 苏	Jiangsu	101.64	102.45	97.59	89.29	95.55	97.43
浙 江	Zhejiang	101.52	115.44	101.37	99.36	101.17	114.06
安 徽	Anhui	101.20	106.34	95.64	95.37	96.45	98.37
福 建	Fujian	103.02	106.79			101.54	100.50
江 西	Jiangxi	99.40	104.39	94.89	95.71	99.32	107.02
山 东	Shandong	110.05	97.21	95.67	91.765	109.14	102.65
河 南	Henan	95.10	111.68	84.92	92.32	98.77	101.95
湖 北	Hubei	98.93	115.91	96.41	109.46	88.24	104.11
湖 南	Hunan	89.20	124.84	101.07	108.39	102.00	102.86
广 东	Guangdong	104.03	108.60	100.64	104.49	105.31	102.87
广 西	Guangxi	99.54	109.59	99.83	100.00	98.41	102.00
海 南	Hainan	106.53	114.56	108.86	102.17	103.89	101.27
重 庆	Chongqing	100.88	97.82	102.35		107.65	98.10
四 川	Sichuan	109.49	110.05	101.49	97.11	102.24	101.43
贵 州	Guizhou	107.27	107.80	100.00	98.66	107.68	105.67
云 南	Yunnan	105.31	103.78	99.77	102.57	97.21	102.97
陕 西	Shaanxi	98.61	106.44	104.31	103.95	100.84	98.84
甘 肃	Gansu	93.78	110.46	100.61	103.99	99.38	91.47
青 海	Qinghai	97.50	110.35	104.03	93.16	92.10	93.95
宁 夏	Ningxia	76.56	147.61			112.18	85.29
新 疆	Xinjiang	81.16	54.74	100.00		103.86	98.72

2-15 续表 3 continued 3

地 区	Region	棉花 Cotton		生麻 Fiber crops	
		2015	2016	2015	2016
全 国	**National**	**87.52**	**118.43**	**105.11**	**100.04**
北 京	Beijing				
天 津	Tianjin	89.23	116.46		
河 北	Hebei	90.06	80.23		
山 西	Shanxi				
内蒙古	Inner Mongolia				
辽 宁	Liaoning				
吉 林	Jilin				
黑龙江	Heilongjiang				
上 海	Shanghai				
江 苏	Jiangsu	92.22	123.91	100.00	
浙 江	Zhejiang				
安 徽	Anhui	87.09	104.88	127.39	
福 建	Fujian				
江 西	Jiangxi	92.28	104.86	106.90	108.71
山 东	Shandong	87.10	92.67		
河 南	Henan	96.43	97.02		
湖 北	Hubei	88.66	102.98	78.90	97.73
湖 南	Hunan	90.53	91.46		
广 东	Guangdong				
广 西	Guangxi			120.00	105.95
海 南	Hainan				
重 庆	Chongqing			104.10	98.97
四 川	Sichuan			105.00	95.35
贵 州	Guizhou				
云 南	Yunnan				
陕 西	Shaanxi	94.62	114.46		
甘 肃	Gansu	103.00			
青 海	Qinghai				
宁 夏	Ningxia				
新 疆	Xinjiang	71.59	125.44	103.41	98.10

2-15 续表 4 continued 4

地 区 Region	糖料 Sugar crops		未加工烟草 Tobacco	
	2015	2016	2015	2016
全 国 National	**98.75**	**106.54**	**100.55**	**94.96**
北 京 Beijing				
天 津 Tianjin				
河 北 Hebei				
山 西 Shanxi				
内蒙古 Inner Mongolia	108.00	99.07		
辽 宁 Liaoning			101.83	110.13
吉 林 Jilin			93.40	84.86
黑龙江 Heilongjiang				
上 海 Shanghai				
江 苏 Jiangsu	100.00		100.00	
浙 江 Zhejiang				
安 徽 Anhui	124.29		99.89	94.94
福 建 Fujian			103.04	103.55
江 西 Jiangxi			102.36	102.74
山 东 Shandong			102.69	87.08
河 南 Henan			105.15	96.72
湖 北 Hubei			108.81	100.26
湖 南 Hunan			103.05	103.78
广 东 Guangdong	99.36	110.15	103.34	101.58
广 西 Guangxi	97.56	106.87	103.97	103.62
海 南 Hainan	98.55	107.03		
重 庆 Chongqing			105.28	101.49
四 川 Sichuan	104.69	99.48	101.21	100.81
贵 州 Guizhou	103.77	100.00	103.78	103.50
云 南 Yunnan	100.00	101.58	106.46	96.02
陕 西 Shaanxi			108.55	90.76
甘 肃 Gansu		102.44		
青 海 Qinghai				
宁 夏 Ningxia				
新 疆 Xinjiang	97.73	97.62		

2-15 续表 5 continued 5

地 区	Region	稻谷 Paddy		小麦 Wheat		玉米 Maize (corn)	
		2015	2016	2015	2016	2015	2016
全 国	**National**	**101.57**	**98.80**	**99.23**	**94.08**	**96.46**	**86.76**
北 京	Beijing			102.21	99.15	89.55	81.38
天 津	Tianjin			102.44	88.00	85.96	76.38
河 北	Hebei			100.00	96.60	95.22	80.36
山 西	Shanxi			99.59	97.50	94.37	83.98
内 蒙 古	Inner Mongolia	104.57	100.32	106.28	94.70	97.47	85.73
辽 宁	Liaoning	100.98	102.69			98.59	83.71
吉 林	Jilin	105.94	97.09			97.00	82.41
黑 龙 江	Heilongjiang	98.81	97.55	94.00	101.06	97.22	81.59
上 海	Shanghai	99.00	100.32	103.59	87.39		
江 苏	Jiangsu	101.28	99.30	101.82	82.54	95.13	90.78
浙 江	Zhejiang	100.65	97.74			98.79	99.37
安 徽	Anhui	99.27	99.32	97.93	91.43	92.52	85.73
福 建	Fujian	106.34	98.76				
江 西	Jiangxi	98.44	95.39				
山 东	Shandong	99.17	102.67	97.63	98.60	92.15	82.31
河 南	Henan	97.98	100.71	98.25	95.57	86.45	81.21
湖 北	Hubei	99.01	97.91	97.75	90.61	89.62	94.23
湖 南	Hunan	102.27	96.72			100.10	85.73
广 东	Guangdong	106.35	98.68			104.67	
广 西	Guangxi	100.80	98.16			96.02	86.48
海 南	Hainan	100.50	97.96			98.48	98.15
重 庆	Chongqing	103.67	103.80			100.42	92.04
四 川	Sichuan	100.62	101.70	101.75	93.80	99.13	91.05
贵 州	Guizhou	103.81	102.03	105.66	100.00	99.84	90.43
云 南	Yunnan	103.13	99.65	93.93	102.90	98.58	87.49
陕 西	Shaanxi	108.20	96.65	98.05	90.01	91.35	83.87
甘 肃	Gansu			97.87	89.64	97.50	84.92
青 海	Qinghai			93.41	94.03	91.75	85.96
宁 夏	Ningxia	107.45	94.13	103.80	95.42	95.24	86.77
新 疆	Xinjiang	107.58	100.00	98.78	93.22	94.68	87.50

2-15 续表 6 continued 6

地 区	Region	马铃薯 White Potato		甘薯 Sweet potato	
		2015	2016	2015	2016
全 国	**National**	**96.74**	**105.56**	**103.28**	**105.81**
北 京	Beijing				
天 津	Tianjin		50.00		
河 北	Hebei	79.84	106.13		
山 西	Shanxi	92.97	117.83		
内蒙古	Inner Mongolia	96.83	107.77		
辽 宁	Liaoning	101.67	92.79	107.89	91.26
吉 林	Jilin	96.73	100.90		
黑龙江	Heilongjiang	101.71	95.24		
上 海	Shanghai				
江 苏	Jiangsu	100.00		101.64	102.45
浙 江	Zhejiang	102.35	114.11	100.37	116.97
安 徽	Anhui	103.68	100.28	100.97	106.89
福 建	Fujian	100.00	108.72	103.61	106.41
江 西	Jiangxi	107.56	108.19	95.91	102.77
山 东	Shandong	102.75	102.65	104.16	92.735
河 南	Henan			95.10	111.68
湖 北	Hubei	100.00	119.33	96.36	112.59
湖 南	Hunan	97.34	114.74	86.96	127.61
广 东	Guangdong	79.92	104.99	105.25	112.04
广 西	Guangxi	82.47	127.32	108.11	100.68
海 南	Hainan			103.20	121.65
重 庆	Chongqing	100.94	101.85	100.70	84.92
四 川	Sichuan	106.51	102.58	110.56	112.73
贵 州	Guizhou	103.45	108.21	134.17	104.92
云 南	Yunnan	101.99	103.78		
陕 西	Shaanxi	97.33	110.56	104.17	88.59
甘 肃	Gansu	93.78	110.46		
青 海	Qinghai	97.50	110.35		
宁 夏	Ningxia	76.56	147.61		
新 疆	Xinjiang	81.16	54.74		

2-15 续表 7 continued 7

地区	Region	花生 Peanut		油菜籽 Rapeseeds	
		2015	2016	2015	2016
全　国	**National**	**101.95**	**101.74**	**99.58**	**100.42**
北　京	Beijing				
天　津	Tianjin				
河　北	Hebei	109.81	99.84		
山　西	Shanxi	100.00			
内蒙古	Inner Mongolia			101.71	100.22
辽　宁	Liaoning	84.56	94.88		
吉　林	Jilin	102.44	88.2		
黑龙江	Heilongjiang				
上　海	Shanghai			70.00	111.50
江　苏	Jiangsu	100.82	104.36	92.81	95.91
浙　江	Zhejiang	104.04	109.53	101.10	118.92
安　徽	Anhui	102.73	99.72	94.80	98.44
福　建	Fujian	101.54	100.50		
江　西	Jiangxi	100.00	110.99	96.91	94.86
山　东	Shandong	109.14	102.65		
河　南	Henan	101.99	107.07	99.57	100.00
湖　北	Hubei	103.94	96.74	85.92	107.91
湖　南	Hunan	100.00		103.04	100.14
广　东	Guangdong	105.32	102.87	85.71	
广　西	Guangxi	98.41	102.00		
海　南	Hainan	103.89	101.27		
重　庆	Chongqing			107.65	98.10
四　川	Sichuan	103.54	100.44	101.66	101.87
贵　州	Guizhou	109.13	107.38	107.53	105.49
云　南	Yunnan	100.00		96.83	103.03
陕　西	Shaanxi	100.47	102.20	101.21	95.43
甘　肃	Gansu		110.38	101.34	87.65
青　海	Qinghai		98.70	92.10	93.95
宁　夏	Ningxia				
新　疆	Xinjiang				

2-15 续表 8

continued 8

地 区	Region	大豆 Soybeans 2015	大豆 Soybeans 2016	绿豆 Mung beans 2015	绿豆 Mung beans 2016
全 国	**National**	**99.03**	**97.56**	**98.33**	**100.05**
北 京	Beijing				
天 津	Tianjin				
河 北	Hebei	98.59	98.62	102.22	102.17
山 西	Shanxi	103.53	101.59		
内 蒙 古	Inner Mongolia	91.91	98.25	98.14	99.26
辽 宁	Liaoning	99.39	95.63	0.00	
吉 林	Jilin	100.00	89.94	105.34	105.88
黑 龙 江	Heilongjiang	95.63	92.09		
上 海	Shanghai				
江 苏	Jiangsu	97.59	89.29	100.00	
浙 江	Zhejiang	101.51	100.27	96.32	119.05
安 徽	Anhui	95.64	95.29		100.00
福 建	Fujian				
江 西	Jiangxi	94.56	95.51	100.00	98.86
山 东	Shandong	95.67	91.77		
河 南	Henan	84.92	92.32		
湖 北	Hubei	96.41	109.46		
湖 南	Hunan	101.07	108.39		
广 东	Guangdong	100.64	104.49		
广 西	Guangxi	99.83	100.00		
海 南	Hainan	109.78	104.54		
重 庆	Chongqing	102.35			
四 川	Sichuan	99.61	94.99	97.60	100.00
贵 州	Guizhou	100.00	98.64		100.00
云 南	Yunnan	96.35	100.59		
陕 西	Shaanxi	104.92	105.71	103.69	96.69
甘 肃	Gansu	90.85	88.06		
青 海	Qinghai				
宁 夏	Ningxia				
新 疆	Xinjiang	100.00			

2-15 续表 9 continued 9

地 区	Region	甘蔗 Sugarcane		甜菜 Beet	
		2015	2016	2015	2016
全 国	**National**	**98.57**	**106.90**	**102.00**	**100.00**
北 京	Beijing				
天 津	Tianjin				
河 北	Hebei				
山 西	Shanxi				
内蒙古	Inner Mongolia			108.00	99.07
辽 宁	Liaoning				
吉 林	Jilin				
黑龙江	Heilongjiang				
上 海	Shanghai				
江 苏	Jiangsu	100.00		100.00	
浙 江	Zhejiang				
安 徽	Anhui	124.29			
福 建	Fujian				
江 西	Jiangxi	101.24			
山 东	Shandong				
河 南	Henan				
湖 北	Hubei				
湖 南	Hunan				
广 东	Guangdong	99.36	110.15		
广 西	Guangxi	97.56	106.87		
海 南	Hainan	98.55	107.03		
重 庆	Chongqing				
四 川	Sichuan	104.69	99.48		
贵 州	Guizhou	103.77	100.00		
云 南	Yunnan	100.00	101.58		
陕 西	Shaanxi				
甘 肃	Gansu				102.44
青 海	Qinghai				
宁 夏	Ningxia				
新 疆	Xinjiang			97.73	97.62

2-15 续表 10

continued 10

地 区	Region	未去梗烤烟叶 Flue-cured tobacco		未去梗晒烟叶 Sun-cured tobacco	
		2015	2016	2015	2016
全 国	**National**	**103.34**	**99.57**	**97.75**	**90.35**
北 京	Beijing				
天 津	Tianjin				
河 北	Hebei				
山 西	Shanxi				
内蒙古	Inner Mongolia				
辽 宁	Liaoning	101.83	110.13	100.00	
吉 林	Jilin	100.05		93.40	84.86
黑龙江	Heilongjiang			93.14	
上 海	Shanghai				
江 苏	Jiangsu	100.00		100.00	
浙 江	Zhejiang				
安 徽	Anhui	99.89	94.94		
福 建	Fujian	103.04	103.55		
江 西	Jiangxi	102.36	102.74		
山 东	Shandong	102.69	87.08		
河 南	Henan	105.15	96.72		
湖 北	Hubei	108.81	100.26		
湖 南	Hunan	103.05	103.78		
广 东	Guangdong	103.34	101.58		
广 西	Guangxi	103.97	103.62		
海 南	Hainan				
重 庆	Chongqing	105.28	101.49		
四 川	Sichuan	102.92	100.81	100.00	
贵 州	Guizhou	103.79	103.50	103.08	
云 南	Yunnan	106.46	96.02		
陕 西	Shaanxi	108.55	90.76	101.50	101.50
甘 肃	Gansu				
青 海	Qinghai				
宁 夏	Ningxia				
新 疆	Xinjiang				

2-15 续表 11 continued 11

地区	Region	蔬菜 Vegetable		叶菜类 Leaf vegetable		瓜菜类 Gourd vegetable	
		2015	2016	2015	2016	2015	2016
全国	**National**	**104.55**	**106.96**	**105.54**	**106.92**	**106.70**	**103.05**
北京	Beijing	102.40	102.45	102.65	103.30	103.84	105.16
天津	Tianjin	109.39	102.09	109.54	113.79	108.29	98.27
河北	Hebei	107.53	106.46	101.64	105.33	108.64	108.91
山西	Shanxi	100.73	103.45	100.39	119.53	103.59	106.76
内蒙古	Inner Mongolia	100.35	102.61	99.35	104.98	102.39	109.63
辽宁	Liaoning	106.56	105.81	108.48	96.01	115.67	89.24
吉林	Jilin	108.95	97.07	105.15	102.47	108.66	85.40
黑龙江	Heilongjiang	103.14	96.20	100.38	103.30		
上海	Shanghai	107.62	107.62	109.68	104.78	108.91	102.04
江苏	Jiangsu	101.09	105.06	100.08	106.96	115.50	99.98
浙江	Zhejiang	101.40	105.34	102.10	109.49	100.83	99.74
安徽	Anhui	99.96	106.22	100.01	105.59	106.68	102.93
福建	Fujian	105.27	111.72	104.86	116.43	108.99	102.18
江西	Jiangxi	102.86	108.67	102.06	108.92	102.11	99.74
山东	Shandong	110.00	111.54	129.93	111.99	106.11	105.89
河南	Henan	100.85	112.73	96.98	115.79	106.12	81.31
湖北	Hubei	103.47	106.45	102.51	101.30	108.66	106.61
湖南	Hunan	101.55	101.59	101.70	107.54	103.08	103.59
广东	Guangdong	103.77	115.00	100.88	111.99	106.46	104.05
广西	Guangxi	103.29	101.72	105.85	113.48	115.72	87.04
海南	Hainan	97.76	114.80	103.72	129.73	97.32	117.03
重庆	Chongqing	98.04	110.65	98.62	119.14	90.70	111.53
四川	Sichuan	103.55	106.98	104.22	105.02	104.85	102.98
贵州	Guizhou	101.66	100.75	102.77	100.14	106.37	96.19
云南	Yunnan	97.72	106.71	105.01	111.08	84.30	106.81
陕西	Shaanxi	108.64	101.60	111.70	90.33	107.28	101.45
甘肃	Gansu	105.11	108.01	128.67	105.38	104.13	109.19
青海	Qinghai	104.48	101.21	101.87	113.56	103.67	110.90
宁夏	Ningxia	122.30	99.36	127.55	106.00	114.57	91.86
新疆	Xinjiang	104.94	111.83	113.06	116.03	103.14	118.13

2-15 续表 12

continued 12

地 区	Region	蔬菜 Vegetable			
		根茎类 Root and tuber vegetable		茄果类 Eggplant, tomato and chili, etc.	
		2015	2016	2015	2016
全 国	**National**	**98.48**	**106.40**	**102.35**	**102.74**
北 京	Beijing	102.34	85.97	100.50	104.40
天 津	Tianjin	107.68	114.80	110.10	87.36
河 北	Hebei	109.42	103.91	105.91	100.90
山 西	Shanxi	76.64	116.73	97.59	98.58
内 蒙 古	Inner Mongolia	99.13		102.76	100.70
辽 宁	Liaoning	100.00	115.99	103.51	107.64
吉 林	Jilin	101.95	98.25	113.34	97.21
黑 龙 江	Heilongjiang	94.49	92.78	110.23	92.81
上 海	Shanghai	106.03	109.10	103.71	107.02
江 苏	Jiangsu	100.62	99.57	103.80	102.36
浙 江	Zhejiang	107.18	102.01	96.10	108.34
安 徽	Anhui	82.39	109.58	102.19	105.44
福 建	Fujian	99.78	99.96	101.99	113.69
江 西	Jiangxi	98.69	108.67	104.19	116.10
山 东	Shandong	68.15	71.09	105.52	100.83
河 南	Henan	93.37	97.81	99.16	92.85
湖 北	Hubei	103.21	113.30	100.37	114.66
湖 南	Hunan	97.67	97.19	102.56	96.39
广 东	Guangdong	106.28	132.11	101.72	112.98
广 西	Guangxi	66.83	98.46	106.10	106.24
海 南	Hainan			94.17	103.40
重 庆	Chongqing	91.25	122.76	102.37	100.06
四 川	Sichuan	106.29	103.18	101.24	102.67
贵 州	Guizhou	105.72	98.68	100.65	99.47
云 南	Yunnan	84.17	94.08	105.22	99.17
陕 西	Shaanxi	93.78	99.38	107.85	93.05
甘 肃	Gansu	93.83	128.05	98.58	103.70
青 海	Qinghai	106.57	105.23	97.55	97.51
宁 夏	Ningxia	106.79	91.63	107.70	95.85
新 疆	Xinjiang	91.94	140.76	101.69	97.14

2-15 续表 13 continued 13

地区	Region	蔬菜 Vegetable					
		葱蒜类 Onion and garlic		豆类 Garden beans		食用菌(干鲜混合) Mushroom	
		2015	2016	2015	2016	2015	2016
全国	**National**	**105.97**	**122.04**	**103.65**	**106.22**	**98.33**	**100.17**
北京	Beijing	105.10	103.61	101.50	98.72	98.06	108.70
天津	Tianjin	114.80	121.62	102.94	95.24		
河北	Hebei	102.35	139.49	106.06	97.51	96.45	98.22
山西	Shanxi	108.82	110.14	104.59	100.43		
内蒙古	Inner Mongolia	99.40	103.08	95.63	107.01	98.55	104.47
辽宁	Liaoning	104.74	110.33	104.52	77.79	99.15	96.62
吉林	Jilin	106.39	98.85	107.11	103.83	101.05	109.14
黑龙江	Heilongjiang	106.24	87.66	100.58	92.03	99.64	111.55
上海	Shanghai	113.46	114.77	101.24	103.97	94.09	93.73
江苏	Jiangsu	100.24	129.65	90.55	102.75	95.12	104.92
浙江	Zhejiang	103.87	106.84	93.51	103.41	97.60	92.45
安徽	Anhui	102.86	111.19	105.01	101.40	98.89	94.57
福建	Fujian	105.65	122.98	107.11	103.77	96.91	99.63
江西	Jiangxi	102.37	110.86	101.30	106.97	98.24	99.46
山东	Shandong	132.58	170.59	106.73	89.19	102.59	92.41
河南	Henan	102.52	148.29	100.00	107.43	103.22	88.29
湖北	Hubei	100.68	115.05	102.76	108.80	96.44	96.81
湖南	Hunan	103.97	103.82	100.12	103.93	103.03	102.36
广东	Guangdong	111.68	102.19	103.38	100.46	101.29	109.17
广西	Guangxi	103.66	120.61	107.09	96.74	105.98	105.16
海南	Hainan	106.32	129.80	96.29	120.67		
重庆	Chongqing			105.98	99.39		
四川	Sichuan	104.08	101.69	101.14	138.35	101.88	97.49
贵州	Guizhou	100.24	102.28	105.18	100.29	93.65	105.90
云南	Yunnan	94.51	165.53	103.61	100.27	104.15	106.30
陕西	Shaanxi	104.45	126.20	111.26	94.92	100.74	102.42
甘肃	Gansu	109.81	114.88				
青海	Qinghai	102.74	88.50	100.00	81.79		
宁夏	Ningxia	108.99	118.44	109.74	111.73		
新疆	Xinjiang	96.94	123.08	106.83	111.79	100.00	100.00

2-15 续表 14 continued 14

地 区	Region	蔬菜 Vegetable					
		菠菜 Spinach		芹菜 Celery		大白菜 Chinese cabbage	
		2015	2016	2015	2016	2015	2016
全 国	**National**	**104.66**	**108.88**	**105.14**	**108.59**	**103.70**	**105.52**
北 京	Beijing	104.62	100.00	101.83	104.13	104.21	98.03
天 津	Tianjin	124.49	125.44	103.16	103.51	131.03	117.07
河 北	Hebei		99.25	101.64	106.37	109.28	104.14
山 西	Shanxi	93.82	111.11	103.21	121.52	101.10	90.55
内蒙古	Inner Mongolia	91.50		99.05	104.72	88.73	92.65
辽 宁	Liaoning	106.76	114.43	104.64	97.75	115.79	128.85
吉 林	Jilin	105.88	97.71	110.04	106.20	100.00	111.63
黑龙江	Heilongjiang	100.60		104.68	97.18	97.12	108.20
上 海	Shanghai	110.06	122.67	104.88	105.42	114.29	108.55
江 苏	Jiangsu	103.70	99.82	101.50	106.25	99.16	105.53
浙 江	Zhejiang	101.71	111.20	101.34	115.42	100.00	116.30
安 徽	Anhui	102.94	104.46	101.17	107.84	104.07	109.91
福 建	Fujian	106.20	115.98	102.93		105.71	116.08
江 西	Jiangxi	102.04	110.53	102.59	105.93	103.72	106.55
山 东	Shandong	138.52	112.17	120.87	115.29	100.75	104.30
河 南	Henan	97.64	107.10	96.69	120.88	100.00	118.66
湖 北	Hubei	103.02	106.19	106.42	104.44	100.74	110.17
湖 南	Hunan	100.35		99.46	106.31	100.00	114.99
广 东	Guangdong	99.18	105.37	102.17	118.80	100.28	116.90
广 西	Guangxi	104.15	113.77	107.58	131.19	109.38	111.03
海 南	Hainan	84.42	114.94		132.05		
重 庆	Chongqing					108.24	77.10
四 川	Sichuan	106.06	110.13	104.30	107.10	106.00	102.71
贵 州	Guizhou	102.88	101.10	100.46	99.68	94.57	105.77
云 南	Yunnan	110.22	125.74	81.76	113.03	98.53	115.51
陕 西	Shaanxi	101.41	103.42	107.53	96.11	92.86	124.68
甘 肃	Gansu	140.00	100.00	122.22	105.43	105.71	89.36
青 海	Qinghai	107.08	115.00	108.11	130.00	94.44	86.67
宁 夏	Ningxia	77.52		137.61	104.31	158.82	107.20
新 疆	Xinjiang	99.75	110.45	102.72	104.88	101.44	85.47

2-15 续表 15 continued 15

地 区	Region	蔬菜 Vegetable					
		结球甘蓝 Wild cabbage		花椰菜 Cauliflower		油菜 Rape	
		2015	2016	2015	2016	2015	2016
全 国	**National**	**106.94**	**106.55**	**104.36**	**109.48**	**106.00**	**105.44**
北 京	Beijing	106.15	103.80			102.68	104.04
天 津	Tianjin	97.10	118.46			114.73	121.08
河 北	Hebei	125.96	99.52				106.97
山 西	Shanxi	104.14		103.29		100.59	120.52
内 蒙 古	Inner Mongolia	109.18	110.34				106.25
辽 宁	Liaoning					120.71	65.75
吉 林	Jilin	100.00	62.95			95.65	98.93
黑 龙 江	Heilongjiang	97.19					
上 海	Shanghai	111.11	111.81	103.55	139.12	113.66	103.48
江 苏	Jiangsu	100.29	102.14	89.22	104.89	102.62	116.75
浙 江	Zhejiang	98.58	101.62	101.05	112.32	101.54	115.20
安 徽	Anhui	92.44	112.11	93.86	110.12		
福 建	Fujian	108.46	118.46	110.46	128.64	105.47	
江 西	Jiangxi	103.27	120.74	101.35	114.86	99.31	112.16
山 东	Shandong	107.20	97.50	128.45		116.90	112.23
河 南	Henan	90.48		100.00			
湖 北	Hubei	96.97	105.17	108.71	102.25	100.00	91.30
湖 南	Hunan	105.44	112.34	98.87	99.87	101.75	
广 东	Guangdong	104.71	118.96	91.35	124.06	101.17	109.59
广 西	Guangxi	111.11				111.68	108.98
海 南	Hainan					66.67	
重 庆	Chongqing	79.17	102.42				
四 川	Sichuan	100.00	104.26	103.17	102.15	104.63	98.72
贵 州	Guizhou	101.66	100.94	101.75	106.15	105.77	108.81
云 南	Yunnan	145.10		100.61			
陕 西	Shaanxi	119.31	124.09		119.86	118.69	91.13
甘 肃	Gansu	120.33		118.94			109.25
青 海	Qinghai	133.70	58.33		95.72	100.28	114.36
宁 夏	Ningxia	123.81			107.62	97.40	111.05
新 疆	Xinjiang	103.48			100.00	100.83	100.83

2-15 续表 16 continued 16

地　区	Region	蔬菜 Vegetable			
		黄瓜 Cucumber		冬瓜 White gourd	
		2015	2016	2015	2016
全　国	**National**	**105.23**	**102.59**	**111.98**	**104.27**
北　京	Beijing	103.46	105.43	109.41	101.19
天　津	Tianjin	107.69	98.75	89.22	97.70
河　北	Hebei	108.59	109.55	141.18	93.33
山　西	Shanxi	103.59	106.76		
内蒙古	Inner Mongolia	103.76	109.63		
辽　宁	Liaoning	115.67	89.24		
吉　林	Jilin	108.95	85.87		
黑龙江	Heilongjiang	102.34			
上　海	Shanghai	110.25	100.84	102.72	88.61
江　苏	Jiangsu	122.83	101.48	111.17	99.52
浙　江	Zhejiang	100.87	98.58	104.65	94.63
安　徽	Anhui	119.50	95.40	95.45	109.79
福　建	Fujian	108.65	103.92	108.11	101.57
江　西	Jiangxi	102.82	96.46	104.30	104.27
山　东	Shandong	110.41	95.02	103.60	89.22
河　南	Henan	109.09	84.06	106.67	64.13
湖　北	Hubei	101.90	112.17	123.47	95.16
湖　南	Hunan	102.86	100.80	101.69	109.96
广　东	Guangdong	105.70	107.01	112.27	103.81
广　西	Guangxi	120.00	84.52	116.00	72.20
海　南	Hainan	107.19	115.84	115.20	115.52
重　庆	Chongqing	82.49	118.75		
四　川	Sichuan	104.22	103.35	106.93	103.46
贵　州	Guizhou	102.96	107.28	99.33	82.63
云　南	Yunnan	108.12	114.48	127.45	69.66
陕　西	Shaanxi	106.93	101.95	113.11	86.20
甘　肃	Gansu	100.00	114.68		
青　海	Qinghai	96.53	102.02		
宁　夏	Ningxia	102.38	92.80		
新　疆	Xinjiang	103.14	118.13		

2-15 续表 17 continued 17

地区	Region	蔬菜 Vegetable					
		白萝卜 White radish		胡萝卜 Carrot		生姜 Ginger	
		2015	2016	2015	2016	2015	2016
全 国	**National**	**102.14**	**106.54**	**98.51**	**109.35**	**87.50**	**75.83**
北 京	Beijing	102.35	86.64	102.33	84.66		
天 津	Tianjin	107.28					
河 北	Hebei	111.83	103.91	107.69			
山 西	Shanxi	98.09		94.15	90.91		
内蒙古	Inner Mongolia			99.13			
辽 宁	Liaoning	109.17					
吉 林	Jilin						
黑龙江	Heilongjiang	93.33		91.25	90.91		
上 海	Shanghai	107.76	114.26				
江 苏	Jiangsu	100.67	97.48	106.64	100.00	100.00	
浙 江	Zhejiang	100.50	104.26	108.70			
安 徽	Anhui	98.81	111.20	94.39	121.93	75.12	98.76
福 建	Fujian	104.45	107.34	92.31		101.05	85.73
江 西	Jiangxi	99.29	110.94	105.68	110.64	70.91	70.46
山 东	Shandong	92.02	102.96	93.32	117.57	59.33	54.58
河 南	Henan	90.91	97.81	103.53			
湖 北	Hubei	102.91	100.00	108.31	105.45		
湖 南	Hunan	94.16	134.73	109.57	103.75	85.91	65.35
广 东	Guangdong	109.86	135.60	99.41	133.05	127.67	93.78
广 西	Guangxi	106.02	110.82	60.99	102.56		84.67
海 南	Hainan						
重 庆	Chongqing	91.51	130.21				
四 川	Sichuan	109.26	103.33	105.79	101.77	96.04	99.24
贵 州	Guizhou	109.47	98.23	107.69	102.37	91.49	92.96
云 南	Yunnan	77.50	89.41	110.80	114.40	80.04	44.78
陕 西	Shaanxi	118.40	97.22	104.18	102.82	32.60	91.60
甘 肃	Gansu	108.47	116.08	96.72	180.65		
青 海	Qinghai	107.49	105.87				
宁 夏	Ningxia	101.11	101.02	122.67	65.38		
新 疆	Xinjiang	100.00	134.71	84.06	134.33		

2-15 续表 18 continued 18

地区	Region	蔬菜 Vegetable					
		茄子 Eggplant		西红柿 Tomato		辣椒 Chili	
		2015	2016	2015	2016	2015	2016
全 国	**National**	**102.56**	**103.27**	**101.56**	**103.53**	**103.47**	**100.95**
北 京	Beijing	101.13	106.02	100.17	104.56		
天 津	Tianjin	107.75	78.61	109.58	87.38		109.15
河 北	Hebei	98.38	101.46	109.49	100.44	146.25	
山 西	Shanxi	101.26		99.32	95.77	91.80	107.97
内蒙古	Inner Mongolia	92.08	113.14	102.94	101.31	99.16	100.72
辽 宁	Liaoning	92.49	110.65	111.87	108.21	92.14	104.86
吉 林	Jilin	142.44	87.58	104.10	95.68	104.40	96.72
黑龙江	Heilongjiang	94.77	89.11	110.49	93.06	103.74	77.00
上 海	Shanghai	108.17	103.71	102.72	106.46	156.00	113.87
江 苏	Jiangsu	100.14	101.95	104.99	101.53	106.37	102.01
浙 江	Zhejiang	101.10	108.58	102.94	107.60	99.38	107.39
安 徽	Anhui	106.29	107.14	95.68	106.72	111.80	102.13
福 建	Fujian	104.89	114.99	99.15	110.81	105.79	
江 西	Jiangxi	101.75	102.87	99.35	110.64	103.44	134.57
山 东	Shandong	93.94	99.99	104.85	103.73	112.34	99.65
河 南	Henan	102.29	89.11	101.51	99.55	92.91	87.24
湖 北	Hubei	101.74	112.27	101.53	117.53	100.00	130.76
湖 南	Hunan	105.35	101.38	95.13		100.78	94.16
广 东	Guangdong	104.89	108.91	103.83	115.73	103.33	122.86
广 西	Guangxi	104.38	98.80	109.06	116.79	102.45	73.97
海 南	Hainan	105.35	110.06	88.00	100.70	90.41	94.52
重 庆	Chongqing	100.50	98.95	95.40	98.33	102.68	103.36
四 川	Sichuan	100.35	109.54	100.30	101.21	101.28	97.72
贵 州	Guizhou	100.00	93.74	99.69	94.46	100.72	100.68
云 南	Yunnan	108.92	95.53	106.53	106.22	92.23	91.31
陕 西	Shaanxi	119.00	109.26	106.69	94.61	105.03	81.87
甘 肃	Gansu	106.50	96.36	90.91	103.94	102.21	111.82
青 海	Qinghai	113.58	66.67	96.59	103.22		
宁 夏	Ningxia		89.53	110.00	100.00	104.19	93.14
新 疆	Xinjiang	97.31	96.59	99.66	109.44	103.97	100.97

2-15 续表 19 continued 19

地 区	Region	蔬菜 Vegetable					
		大葱 Scallion		蒜苔 Garlic stalk		蒜头 Garlic head	
		2015	2016	2015	2016	2015	2016
全 国	**National**	**100.90**	**127.39**	**104.93**	**109.75**	**109.13**	**135.96**
北 京	Beijing	106.69	104.53	100.00			
天 津	Tianjin	118.87	130.08				
河 北	Hebei	106.20	201.45			99.77	121.46
山 西	Shanxi	110.14	110.14	108.23		108.11	
内 蒙 古	Inner Mongolia	100.00					
辽 宁	Liaoning	104.74	100.00				
吉 林	Jilin	107.10	92.91				
黑 龙 江	Heilongjiang	104.46	91.76				
上 海	Shanghai						
江 苏	Jiangsu	99.74	104.69	100.00		110.34	208.88
浙 江	Zhejiang	99.84	94.07				
安 徽	Anhui	103.80	134.48	105.85	84.62		
福 建	Fujian	122.87				100.00	
江 西	Jiangxi	107.04	100.00		83.33	100.00	126.98
山 东	Shandong	104.51	240.58	105.90		133.32	
河 南	Henan	100.61	101.94	90.91	178.38	100.00	
湖 北	Hubei	92.52	165.97	98.65	107.84	111.11	150.00
湖 南	Hunan			100.00			
广 东	Guangdong			114.03	87.06		
广 西	Guangxi	100.17					
海 南	Hainan	108.12					
重 庆	Chongqing						
四 川	Sichuan	106.88	109.06	103.98	100.91	104.71	
贵 州	Guizhou	96.15	107.22	100.00	100.81		
云 南	Yunnan	104.60	108.79	100.00	144.81	101.67	145.49
陕 西	Shaanxi	101.53	125.80	117.84	123.34		
甘 肃	Gansu	85.79	124.82		125.75		
青 海	Qinghai	101.69	150.05	74.92	93.68		
宁 夏	Ningxia						
新 疆	Xinjiang	100.00		105.03			

2-15 续表 20 continued 20

地 区	Region	食用菌 Mushroom		香菇(干品) Mushroom (dried)	
		2015	2016	2015	2016
全 国	**National**	**98.33**	**100.17**	**96.31**	**98.00**
北 京	Beijing	98.06	108.70		
天 津	Tianjin				
河 北	Hebei	96.45	98.22	81.39	102.77
山 西	Shanxi				
内蒙古	Inner Mongolia	98.55	104.47	100.00	
辽 宁	Liaoning	99.15	96.62	96.70	92.62
吉 林	Jilin	101.05	109.14	73.02	
黑龙江	Heilongjiang	99.64	111.55	99.47	102.25
上 海	Shanghai	94.09	93.73		
江 苏	Jiangsu	95.12	104.92	97.83	108.26
浙 江	Zhejiang	97.60	92.45	93.09	91.07
安 徽	Anhui	98.89	94.57	96.58	90.15
福 建	Fujian	96.91	99.63	99.53	100.75
江 西	Jiangxi	98.24	99.46	102.83	104.68
山 东	Shandong	102.59	92.41	95.04	86.55
河 南	Henan	103.22	88.29	100.24	92.37
湖 北	Hubei	96.44	96.81	98.26	95.86
湖 南	Hunan	103.03	102.36	100.74	95.03
广 东	Guangdong	101.29	109.17		
广 西	Guangxi	105.98	105.16		
海 南	Hainan				
重 庆	Chongqing				
四 川	Sichuan	101.88	97.49	104.32	108.84
贵 州	Guizhou	93.65	105.90		
云 南	Yunnan	104.15	106.30	100.00	
陕 西	Shaanxi	100.74	102.42	93.30	116.18
甘 肃	Gansu				
青 海	Qinghai				
宁 夏	Ningxia				
新 疆	Xinjiang	100.00			

2-15 续表 21 continued 21

地 区	Region	食用菌 Mushroom				花卉 Flowers	
		金针菇 Golden mushroom		黑木耳(干品) Black edible fungus (dried)		康乃馨 Carnation	
		2015	2016	2015	2016	2015	2016
全 国	**National**	**97.57**	**99.87**	**100.86**	**102.82**	**103.33**	**104.26**
北 京	Beijing					105.66	100.00
天 津	Tianjin						
河 北	Hebei						
山 西	Shanxi						
内蒙古	Inner Mongolia						
辽 宁	Liaoning			100.88	99.43		
吉 林	Jilin			102.56	109.14		
黑龙江	Heilongjiang			99.26	111.97		
上 海	Shanghai	90.55	87.66				
江 苏	Jiangsu	91.16	94.26	100.00		100.00	
浙 江	Zhejiang	97.79	98.87	112.78	87.03	100.00	98.58
安 徽	Anhui						
福 建	Fujian	100.49		94.46	96.41		
江 西	Jiangxi		126.00	100.00	102.23		
山 东	Shandong	105.93	94.54	96.17	116.32		
河 南	Henan	68.50					
湖 北	Hubei			90.77	100.50		
湖 南	Hunan	101.84	97.01				
广 东	Guangdong						
广 西	Guangxi			115.26	108.77		
海 南	Hainan						
重 庆	Chongqing						
四 川	Sichuan	99.74	101.19	99.90	100.80		
贵 州	Guizhou						
云 南	Yunnan					88.89	110.53
陕 西	Shaanxi		100.00	100.00			
甘 肃	Gansu				111.90	107.32	107.32
青 海	Qinghai						
宁 夏	Ningxia						
新 疆	Xinjiang						

2-15 续表 22 continued 22

地 区	Region	水果 Fruits 2015	水果 Fruits 2016	苹果 Apple 2015	苹果 Apple 2016
全 国	**National**	**99.65**	**92.52**	**94.07**	**84.34**
北 京	Beijing	95.93	85.82	87.92	93.56
天 津	Tianjin	93.04	107.51	61.28	87.95
河 北	Hebei	85.91	79.45	113.40	86.45
山 西	Shanxi	86.39	85.09	83.61	79.36
内蒙古	Inner Mongolia	115.00	82.17		
辽 宁	Liaoning	92.78	103.43	86.53	115.56
吉 林	Jilin	103.92	82.36	98.51	99.56
黑龙江	Heilongjiang	96.52	104.88		
上 海	Shanghai	98.70	111.79		
江 苏	Jiangsu	102.85	104.16	113.00	96.35
浙 江	Zhejiang	98.34	101.20		
安 徽	Anhui	108.19	100.11		
福 建	Fujian	94.77	127.84		
江 西	Jiangxi	98.82	99.37		
山 东	Shandong	98.64	93.16	95.01	79.13
河 南	Henan	95.81	98.20	79.05	101.59
湖 北	Hubei	103.59	109.32		
湖 南	Hunan	111.34	82.08		
广 东	Guangdong	103.88	110.50		
广 西	Guangxi	93.86	103.94		
海 南	Hainan	103.85	107.77		
重 庆	Chongqing	108.17	102.07		
四 川	Sichuan	96.04	99.68		
贵 州	Guizhou	100.76	108.78		
云 南	Yunnan	83.27	102.25	101.84	
陕 西	Shaanxi	87.30	96.05	94.17	90.57
甘 肃	Gansu	103.86	82.28	96.69	69.42
青 海	Qinghai				
宁 夏	Ningxia	114.69	92.04	91.26	84.48
新 疆	Xinjiang	95.63	100.89	93.95	75.65

2-15 续表 23 continued 23

地 区	Region	水果 Fruits			
		梨 Pear		柑橘类 Citrus	
		2015	2016	2015	2016
全 国	**National**	**100.52**	**81.01**	**106.64**	**91.63**
北 京	Beijing	99.31	83.65		
天 津	Tianjin	110.84	123.47		
河 北	Hebei	77.46	90.96		
山 西	Shanxi	89.11	102.09		
内 蒙 古	Inner Mongolia		100.00		
辽 宁	Liaoning	93.47	85.66		
吉 林	Jilin	103.04	81.24		
黑 龙 江	Heilongjiang	95.92	93.33		
上 海	Shanghai	97.92	101.89	120.88	141.82
江 苏	Jiangsu	100.00		100.00	
浙 江	Zhejiang	99.65	102.71	100.74	79.23
安 徽	Anhui	143.75	52.91	107.95	141.72
福 建	Fujian			105.04	98.01
江 西	Jiangxi	116.09	97.21	97.61	98.84
山 东	Shandong	90.74			
河 南	Henan	108.89	54.84		
湖 北	Hubei	101.91		109.02	109.1
湖 南	Hunan	106.09	110.70	115.67	73.42
广 东	Guangdong	121.79	166.67	109.36	97.19
广 西	Guangxi			104.80	90.36
海 南	Hainan			124.41	137.15
重 庆	Chongqing	96.35	107.84	106.82	99.57
四 川	Sichuan	85.54	103.72	102.14	104.25
贵 州	Guizhou	78.59		100.96	123.78
云 南	Yunnan	58.46	109.94	106.70	109.92
陕 西	Shaanxi	75.92	87.33		
甘 肃	Gansu	100.00	92.57		
青 海	Qinghai				
宁 夏	Ningxia				
新 疆	Xinjiang	93.01			

2-15 续表 24

continued 24

地区	Region	水果 Fruits 红富士苹果 Hongfushi apple 2015	2016	雪花梨 Snowflake pear 2015	2016
全国	**National**	**93.10**	**83.54**	**93.14**	**100.00**
北京	Beijing	87.92	93.56		
天津	Tianjin	64.07	78.25	94.12	99.21
河北	Hebei	105.34	86.45	91.15	98.44
山西	Shanxi	83.61	79.36	105.26	
内蒙古	Inner Mongolia				
辽宁	Liaoning	87.86	96.88	100.00	
吉林	Jilin				
黑龙江	Heilongjiang				
上海	Shanghai				
江苏	Jiangsu	113.00	98.36	100.00	
浙江	Zhejiang				106.08
安徽	Anhui				
福建	Fujian				
江西	Jiangxi				
山东	Shandong	95.01	79.13		
河南	Henan	78.62	100.19		
湖北	Hubei			105.56	
湖南	Hunan				
广东	Guangdong				
广西	Guangxi				
海南	Hainan				
重庆	Chongqing				
四川	Sichuan			85.50	103.70
贵州	Guizhou				
云南	Yunnan	90.43			
陕西	Shaanxi	95.01	85.94	66.12	100.77
甘肃	Gansu	98.63	66.84		
青海	Qinghai				
宁夏	Ningxia	95.81	83.14		
新疆	Xinjiang	93.95	75.65		

2-15 续表 25 continued 25

地 区	Region	水果 Fruits			
		酥梨 Soft-pear		西瓜 Watermelon	
		2015	2016	2015	2016
全 国	**National**	**90.63**	**78.60**	**104.46**	**93.83**
北 京	Beijing				87.02
天 津	Tianjin		137.77	105.36	116.67
河 北	Hebei			80.00	
山 西	Shanxi	89.11	102.09	102.31	99.16
内 蒙 古	Inner Mongolia			138.04	78.95
辽 宁	Liaoning	84.33	120.00	115.79	102.84
吉 林	Jilin			148.35	73.63
黑 龙 江	Heilongjiang				110.23
上 海	Shanghai			98.35	99.16
江 苏	Jiangsu	100.00		107.59	105.76
浙 江	Zhejiang	100.00	100.00	87.78	81.47
安 徽	Anhui	187.50	53.33	96.14	102.44
福 建	Fujian			93.12	112.99
江 西	Jiangxi			100.39	98.97
山 东	Shandong			102.38	114.02
河 南	Henan	108.89	54.84	104.35	101.20
湖 北	Hubei			80.69	117.35
湖 南	Hunan	109.52		104.62	101.77
广 东	Guangdong			111.73	120.00
广 西	Guangxi			78.40	111.54
海 南	Hainan			106.69	84.31
重 庆	Chongqing			101.14	
四 川	Sichuan			94.98	87.83
贵 州	Guizhou			100.96	
云 南	Yunnan			67.07	207.27
陕 西	Shaanxi	76.05	87.12	74.05	93.69
甘 肃	Gansu	100.00	88.29	128.57	93.00
青 海	Qinghai				
宁 夏	Ningxia			141.03	90.06
新 疆	Xinjiang			78.02	132.03

2-15 续表 26 continued 26

地 区	Region	水果 Fruits			
		香蕉 Banana		葡萄 Grape	
		2015	2016	2015	2016
全 国	**National**	**74.85**	**99.27**	**99.58**	**101.81**
北 京	Beijing			90.19	92.19
天 津	Tianjin			91.90	108.98
河 北	Hebei				
山 西	Shanxi				
内蒙古	Inner Mongolia				100.00
辽 宁	Liaoning			103.43	91.91
吉 林	Jilin			98.62	101.19
黑龙江	Heilongjiang			96.55	98.65
上 海	Shanghai			95.79	108.10
江 苏	Jiangsu	100.00		94.04	106.01
浙 江	Zhejiang			102.31	96.03
安 徽	Anhui			77.91	105.59
福 建	Fujian	69.23	90.55	102.89	116.63
江 西	Jiangxi			107.19	111.03
山 东	Shandong			98.40	87.46
河 南	Henan			83.91	100.11
湖 北	Hubei			71.70	108.15
湖 南	Hunan			94.39	96.26
广 东	Guangdong	94.26	98.42	97.44	100.64
广 西	Guangxi	63.68	104.34	109.58	91.72
海 南	Hainan	99.39	118.19		
重 庆	Chongqing				
四 川	Sichuan			96.80	90.62
贵 州	Guizhou			101.06	
云 南	Yunnan	62.06	78.06	93.97	118.28
陕 西	Shaanxi		79.49	90.10	
甘 肃	Gansu				
青 海	Qinghai				
宁 夏	Ningxia		93.39	77.00	104.87
新 疆	Xinjiang		65.89	89.57	100.00

2-15 续表 27 continued 27

地区	Region	食用坚果 Nuts		核桃 Walnut		板栗 Chinese chestnut	
		2015	2016	2015	2016	2015	2016
全国	**National**	**92.62**	**98.43**	**90.49**	**95.41**	**96.04**	**101.33**
北京	Beijing	77.67	103.43	90.60	86.98	65.40	119.04
天津	Tianjin						
河北	Hebei	81.68	75.44	83.66	74.61	80.41	96.97
山西	Shanxi	100.77	84.44	100.77	84.44		
内蒙古	Inner Mongolia						
辽宁	Liaoning	97.15	110.93			98.43	123.10
吉林	Jilin						
黑龙江	Heilongjiang						
上海	Shanghai						
江苏	Jiangsu	100.00		100.00		100.00	
浙江	Zhejiang	126.87	108.38			93.33	135.09
安徽	Anhui	99.03	110.15			92.54	109.15
福建	Fujian						
江西	Jiangxi						
山东	Shandong	89.11	103.06	89.00	98.77	78.10	121.39
河南	Henan	54.55	88.89	54.55	88.89		
湖北	Hubei	99.27	113.07	78.88	101.64	100.04	113.50
湖南	Hunan						
广东	Guangdong						
广西	Guangxi						
海南	Hainan	116.87	93.23				
重庆	Chongqing						
四川	Sichuan	93.81	102.86	95.90	102.86	79.57	101.03
贵州	Guizhou	96.43	102.53	94.00	95.27	101.21	116.80
云南	Yunnan	84.50	93.36	82.69	88.65	87.21	100.42
陕西	Shaanxi	99.18	113.04	100.18	113.04	63.71	63.71
甘肃	Gansu	89.48	104.52	89.48	104.52		
青海	Qinghai						
宁夏	Ningxia						
新疆	Xinjiang	94.91	93.84	92.33	92.62		

2-15 续表 28 continued 28

地 区 Region	茶叶 tea		红茶 Black tea	
	2015	2016	2015	2016
全 国 National	**98.66**	**99.37**	**97.52**	**101.05**
北 京 Beijing				
天 津 Tianjin				
河 北 Hebei				
山 西 Shanxi				
内蒙古 Inner Mongolia				
辽 宁 Liaoning				
吉 林 Jilin				
黑龙江 Heilongjiang				
上 海 Shanghai				
江 苏 Jiangsu	92.48	106.31	100.00	98.99
浙 江 Zhejiang	94.45	100.62		
安 徽 Anhui	95.96	96.70	99.28	95.05
福 建 Fujian	96.75	97.59	96.85	90.67
江 西 Jiangxi	94.10	97.13	94.45	99.51
山 东 Shandong	103.52	90.67	104.70	
河 南 Henan	105.66	85.22		
湖 北 Hubei	101.01	90.71	100.61	
湖 南 Hunan	103.97	99.55	99.51	
广 东 Guangdong	102.74	105.51	94.62	94.03
广 西 Guangxi	101.66	98.68	100.00	100.00
海 南 Hainan				
重 庆 Chongqing	101.07	100.82		
四 川 Sichuan	101.05	104.37		
贵 州 Guizhou	105.39	105.04		
云 南 Yunnan	93.23	96.49	76.92	76.92
陕 西 Shaanxi	101.91	103.37	111.80	111.80
甘 肃 Gansu				
青 海 Qinghai				
宁 夏 Ningxia				
新 疆 Xinjiang				

2-15 续表 29 continued 29

地 区	Region	茶叶 Tea 绿茶 Green tea 2015	2016	清茶 Light tea 2015	2016
全 国	**National**	**98.54**	**98.83**	**99.92**	**101.98**
北 京	Beijing				
天 津	Tianjin				
河 北	Hebei				
山 西	Shanxi				
内蒙古	Inner Mongolia				
辽 宁	Liaoning				
吉 林	Jilin				
黑龙江	Heilongjiang				
上 海	Shanghai				
江 苏	Jiangsu	91.32	102.44	100.00	
浙 江	Zhejiang	92.96	100.04		
安 徽	Anhui	95.84	96.76		
福 建	Fujian	94.80	99.92	97.16	98.65
江 西	Jiangxi	94.04	97.04		
山 东	Shandong	103.52	90.67		
河 南	Henan	105.66	85.22		
湖 北	Hubei	101.01	90.71		
湖 南	Hunan	103.89	99.76		
广 东	Guangdong	102.24	101.24	104.90	110.86
广 西	Guangxi	101.87	98.42		
海 南	Hainan				
重 庆	Chongqing	101.07	100.82		
四 川	Sichuan	101.05	104.37		
贵 州	Guizhou	105.39	105.20		
云 南	Yunnan	93.23	96.49		
陕 西	Shaanxi	101.91	103.37		
甘 肃	Gansu				
青 海	Qinghai				
宁 夏	Ningxia				
新 疆	Xinjiang				

2-16 各地区林业产品生产者价格分类指数
Producer Price Indices of Forestry Products by Region and Category

(上年=100) (preceding year=100)

地区	Region	林业产品 Forestry products		木材采伐产品 Felling and transport of wood		原木 Log	
		2015	2016	2015	2016	2015	2016
全国	**National**	**97.88**	**96.11**	**101.16**	**93.61**	**101.16**	**93.61**
北京	Beijing						
天津	Tianjin						
河北	Hebei	94.53	96.27				
山西	Shanxi	93.79	84.88				
内蒙古	Inner Mongolia	98.47	91.76	95.43	86.06	95.43	86.06
辽宁	Liaoning	96.98	95.64	96.98	95.64	96.98	95.64
吉林	Jilin	100.03	98.32	100.08	98.21	100.08	98.20
黑龙江	Heilongjiang	101.42	85.30	101.42	85.30	101.42	85.30
上海	Shanghai	102.00	104.43				
江苏	Jiangsu	99.08	98.51	97.30	109.50	97.30	109.50
浙江	Zhejiang	98.82	101.74	100.04	100.71	100.04	100.71
安徽	Anhui	95.26	94.92	97.42	94.16	97.42	94.16
福建	Fujian	93.30	95.66	98.64	96.56	98.64	96.56
江西	Jiangxi	96.63	97.92	96.60	98.27	96.60	98.27
山东	Shandong	100.93	98.71	100.93	98.71	100.93	98.71
河南	Henan	84.92	102.90				
湖北	Hubei	99.52	99.56	100.91	98.53	100.91	97.93
湖南	Hunan	96.34	92.96	95.64	95.80	95.64	95.80
广东	Guangdong	99.86	98.39	101.60	98.99	101.69	98.55
广西	Guangxi	97.69	95.14	99.71	95.20	99.80	95.16
海南	Hainan	83.77	101.61	102.44	104.04	102.95	103.66
重庆	Chongqing	94.47	107.31				
四川	Sichuan	101.18	98.95	98.55	95.84	98.55	95.84
贵州	Guizhou	100.92	102.07	101.14	104.93	101.14	104.93
云南	Yunnan	92.27	87.29	98.64	96.92	98.64	96.92
陕西	Shaanxi	81.84	71.02		100.73		
甘肃	Gansu						
青海	Qinghai						
宁夏	Ningxia						
新疆	Xinjiang	100.48	89.88	100.48	100.25	100.48	89.88

2-16 续表 1 continued 1

地区	Region	竹材采伐产品 Felling and transport of bamboo		竹材 Firewood	
		2015	2016	2015	2016
全国	**National**	**97.31**	**96.30**	**97.31**	**96.30**
北京	Beijing				
天津	Tianjin				
河北	Hebei				
山西	Shanxi				
内蒙古	Inner Mongolia				
辽宁	Liaoning				
吉林	Jilin				
黑龙江	Heilongjiang				
上海	Shanghai				
江苏	Jiangsu	103.99	86.37	103.99	86.37
浙江	Zhejiang	97.68	90.39	97.68	90.39
安徽	Anhui	93.01	90.10	93.01	90.10
福建	Fujian	87.76	96.44	87.76	96.44
江西	Jiangxi	95.68	95.00	95.68	95.00
山东	Shandong				
河南	Henan				
湖北	Hubei	91.37	90.66	91.37	90.66
湖南	Hunan	95.13	90.48	95.13	90.48
广东	Guangdong	100.38	97.23	100.63	97.23
广西	Guangxi	96.71	95.88	96.71	95.88
海南	Hainan		101.11		101.11
重庆	Chongqing				
四川	Sichuan	103.54	101.66	103.54	101.66
贵州	Guizhou	101.08	96.71	101.08	96.71
云南	Yunnan	104.48	98.37	104.48	98.37
陕西	Shaanxi		99.17		
甘肃	Gansu				
青海	Qinghai				
宁夏	Ningxia				
新疆	Xinjiang				

2-16 续表 2 continued 2

地 区	Region	林产品 Industrial materials		天然橡胶 Rubber		油桐籽 Seeds of tung oil tree	
		2015	2016	2015	2016	2015	2016
全 国	**National**	**86.85**	**98.01**	**87.30**	**98.68**	**97.87**	**104.49**
北 京	Beijing						
天 津	Tianjin						
河 北	Hebei						
山 西	Shanxi						
内蒙古	Inner Mongolia						
辽 宁	Liaoning						
吉 林	Jilin						
黑龙江	Heilongjiang						
上 海	Shanghai						
江 苏	Jiangsu	100.00		100.00		100.00	
浙 江	Zhejiang	99.38	111.22				
安 徽	Anhui	96.42	105.58				
福 建	Fujian	90.36	94.23				
江 西	Jiangxi	105.46	101.29				
山 东	Shandong						
河 南	Henan						
湖 北	Hubei						
湖 南	Hunan	97.92	90.90				
广 东	Guangdong	100.19	99.19	99.41	98.93		
广 西	Guangxi	93.90	96.36			94.74	101.89
海 南	Hainan	82.69	101.51	82.69	101.51		
重 庆	Chongqing	94.47	107.31			94.47	107.31
四 川	Sichuan	106.41	106.15		94.44		
贵 州	Guizhou	100.00			66.67	100.00	
云 南	Yunnan	89.61	83.06	88.58		98.64	
陕 西	Shaanxi				108.11		
甘 肃	Gansu						
青 海	Qinghai						
宁 夏	Ningxia						
新 疆	Xinjiang						

2-17 各地区饲养动物及其产品生产者价格分类指数
Producer Price Indices of Livestock Products by Region and Category

(上年=100) (preceding year=100)

地 区	Region	饲养动物及其产品 Livestock products		活牲畜 Livestock raising	
		2015	2016	2015	2016
全 国	**National**	**104.23**	**110.37**	**106.48**	**115.44**
北 京	Beijing	101.88	104.71	107.18	113.92
天 津	Tianjin	100.55	109.01	106.41	117.02
河 北	Hebei	97.33	103.31	102.54	115.57
山 西	Shanxi	98.19	102.14	102.71	109.55
内蒙古	Inner Mongolia	95.52	98.88	97.09	102.78
辽 宁	Liaoning	99.27	108.84	103.32	118.10
吉 林	Jilin	103.13	109.76	105.70	115.11
黑龙江	Heilongjiang	105.50	112.40	108.65	115.46
上 海	Shanghai	103.55	110.10	111.12	118.15
江 苏	Jiangsu	105.69	108.78	111.41	117.66
浙 江	Zhejiang	104.28	110.15	105.53	114.02
安 徽	Anhui	105.05	109.42	108.47	115.93
福 建	Fujian	107.97	115.72	111.22	123.46
江 西	Jiangxi	112.32	113.56	114.99	117.10
山 东	Shandong	103.32	109.74	107.77	122.25
河 南	Henan	109.22	113.98	114.23	117.92
湖 北	Hubei	107.61	117.52	110.30	123.81
湖 南	Hunan	108.06	115.87	108.59	117.56
广 东	Guangdong	103.05	109.21	107.04	122.51
广 西	Guangxi	108.00	115.69	111.14	120.11
海 南	Hainan	102.52	108.10	103.80	113.57
重 庆	Chongqing	104.41	114.83	104.68	120.76
四 川	Sichuan	105.27	109.77	107.62	118.46
贵 州	Guizhou	106.29	114.28	106.46	115.07
云 南	Yunnan	103.18	110.17	103.19	110.64
陕 西	Shaanxi	100.09	106.12	104.20	112.64
甘 肃	Gansu	97.54	103.73	96.53	106.58
青 海	Qinghai	101.40	106.72	101.84	107.35
宁 夏	Ningxia	91.28	101.27	95.78	103.63
新 疆	Xinjiang	92.10	100.71	92.18	99.47

2-17 续表 1 continued 1

地　区	Region	活家禽 Poultry		畜禽产品 Livestock and poultry products	
		2015	2016	2015	2016
全　国	**National**	**101.27**	**99.60**	**95.82**	**94.73**
北　京	Beijing	100.41	98.35	95.08	94.67
天　津	Tianjin	91.81	102.66	91.94	95.15
河　北	Hebei	94.24	100.25	91.17	88.08
山　西	Shanxi	97.11	93.66	92.33	93.67
内蒙古	Inner Mongolia	99.92	100.67	93.04	93.38
辽　宁	Liaoning	93.41	94.22	94.44	101.09
吉　林	Jilin	97.37	95.73	94.42	94.56
黑龙江	Heilongjiang	94.25	111.90	95.34	98.25
上　海	Shanghai	97.62	102.10	88.64	95.13
江　苏	Jiangsu	100.76	100.03	96.83	101.76
浙　江	Zhejiang	105.18	97.80	98.17	100.28
安　徽	Anhui	101.43	97.64	94.18	94.71
福　建	Fujian	103.30	102.02	96.78	97.29
江　西	Jiangxi	101.52	99.50	97.51	93.52
山　东	Shandong	102.14	97.90	93.75	90.87
河　南	Henan	93.58	101.84	93.89	92.83
湖　北	Hubei	100.29	95.64	96.27	95.39
湖　南	Hunan	103.70	103.56	101.82	89.38
广　东	Guangdong	100.34	99.50	98.14	96.20
广　西	Guangxi	103.62	98.60	90.25	107.33
海　南	Hainan	100.48	98.34	95.47	95.33
重　庆	Chongqing	102.26	100.62	105.39	100.25
四　川	Sichuan	103.21	95.98	99.83	97.35
贵　州	Guizhou	103.28	102.03	104.90	100.62
云　南	Yunnan	102.63	104.65	102.64	108.97
陕　西	Shaanxi	102.91	100.08	92.58	95.19
甘　肃	Gansu	100.78	98.23	100.26	95.91
青　海	Qinghai	99.34	94.50	94.42	96.63
宁　夏	Ningxia	95.19	102.60	83.61	96.86
新　疆	Xinjiang	102.10	99.90	90.12	107.24

2-17 续表 2 continued 2

地 区	Region	猪 Hog		牛 Live cattle		羊 Sheep raising	
		2015	2016	2015	2016	2015	2016
全 国	**National**	**108.85**	**119.39**	**99.08**	**98.73**	**89.40**	**93.58**
北 京	Beijing	111.16	121.00	100.70	98.84	90.43	89.95
天 津	Tianjin	111.51	123.96	94.06	95.35	78.13	89.52
河 北	Hebei	111.73	128.11	93.00	94.21	79.06	89.91
山 西	Shanxi	108.17	117.84	100.20	102.02	88.10	89.84
内蒙古	Inner Mongolia	104.02	116.59	96.37	96.35	89.52	91.71
辽 宁	Liaoning	106.37	124.88	94.55	98.53	82.77	87.42
吉 林	Jilin	110.78	123.83	96.57	95.36	82.47	95.94
黑龙江	Heilongjiang	111.82	122.35	99.58	96.73	96.76	86.85
上 海	Shanghai	112.69	120.97			91.24	82.54
江 苏	Jiangsu	112.72	119.27	100.78	98.38	91.83	98.48
浙 江	Zhejiang	105.79	114.47			95.99	97.37
安 徽	Anhui	112.38	120.68	98.32	95.18	80.90	92.68
福 建	Fujian	111.22	123.46				
江 西	Jiangxi	115.84	117.78	93.67	100.44		
山 东	Shandong	109.97	126.74	97.08	95.84	84.93	94.49
河 南	Henan	116.85	123.35	100.23	97.86	87.98	87.22
湖 北	Hubei	110.79	125.13	100.78	105.34	92.05	87.40
湖 南	Hunan	110.84	122.85	100.43	96.51	94.84	87.96
广 东	Guangdong	107.04	122.51				
广 西	Guangxi	112.52	122.96	99.05	95.34	95.95	89.55
海 南	Hainan	103.88	115.28	103.30	103.78	103.43	103.17
重 庆	Chongqing	105.23	122.90	99.74	99.25	95.03	87.26
四 川	Sichuan	108.99	121.41	98.95	102.94	97.70	94.11
贵 州	Guizhou	106.81	115.78	100.85	102.21	94.92	95.82
云 南	Yunnan	104.09	110.90	96.86		91.14	104.00
陕 西	Shaanxi	108.36	118.00	97.96	98.41	86.77	91.56
甘 肃	Gansu	104.00	112.37	103.21	96.82	79.01	101.62
青 海	Qinghai	105.02	115.53	92.01	96.03	87.52	96.96
宁 夏	Ningxia	111.46	123.84	95.40	96.41	82.63	95.42
新 疆	Xinjiang	106.76	126.73	89.46	95.72	89.58	93.84

2-17 续表 3 continued 3

地 区	Region	活鸡 Chicken		活鸭 Duck		活鹅 Goose	
		2015	2016	2015	2016	2015	2016
全 国	**National**	**99.38**	**100.12**	**104.34**	**98.52**	**104.64**	**98.97**
北 京	Beijing	100.09	97.41	101.12	100.45		
天 津	Tianjin	91.81	102.66				
河 北	Hebei	94.24	100.25				
山 西	Shanxi	97.11	93.66				
内蒙古	Inner Mongolia	99.88	100.43			101.10	108.33
辽 宁	Liaoning	92.87	94.66	95.10	92.84	0.00	
吉 林	Jilin	97.56	96.12	100.37	94.35	93.52	89.57
黑龙江	Heilongjiang	94.25	111.90				
上 海	Shanghai	95.81	104.48	98.19	92.11		
江 苏	Jiangsu	100.95	101.27	100.09	97.29	100.93	96.66
浙 江	Zhejiang	106.24	97.45	101.72	98.95		
安 徽	Anhui	101.61	97.19	100.00	100.9	97.67	107.66
福 建	Fujian	97.41	97.82	112.89	108.86		
江 西	Jiangxi	100.63	98.22	102.40	100.77		
山 东	Shandong	98.05	98.24	105.29	93.36		
河 南	Henan	93.21	101.84				
湖 北	Hubei	99.87	93.35	100.82	98.60		
湖 南	Hunan	105.51	99.76	102.50	106.07		
广 东	Guangdong	98.87	97.37	99.80	101.32	98.81	104.48
广 西	Guangxi	105.59	98.61	96.28	98.57		
海 南	Hainan	100.63	97.79	99.22	98.21	102.80	103.13
重 庆	Chongqing	101.83	100.51	102.81	100.75		
四 川	Sichuan	102.19	96.44	105.49	94.96		
贵 州	Guizhou	103.48	102.56	98.04	92.82	107.36	
云 南	Yunnan	103.17	105.94	102.81	99.28	104.00	104.58
陕 西	Shaanxi	102.91	100.06		104.65		
甘 肃	Gansu	100.78	98.23				
青 海	Qinghai	99.34	94.50				
宁 夏	Ningxia	95.19	102.60				
新 疆	Xinjiang	102.33	100.23	102.77	95.11	89.11	92.53

2-17 续表 4 continued 4

地 区	Region	鸡蛋 Chicken's eggs 2015	鸡蛋 Chicken's eggs 2016	鸭蛋 Duck's eggs 2015	鸭蛋 Duck's eggs 2016
全 国	**National**	**95.78**	**94.82**	**99.44**	**93.13**
北 京	Beijing	99.32	96.21		
天 津	Tianjin	92.31	94.66		
河 北	Hebei	90.19	85.84		
山 西	Shanxi	96.43	93.08		
内蒙古	Inner Mongolia	97.91	94.52		
辽 宁	Liaoning	92.59	100.25	100.09	96.00
吉 林	Jilin	93.89	93.95	102.99	114.94
黑龙江	Heilongjiang	89.64	91.81		
上 海	Shanghai	80.95	95.46	98.61	96.69
江 苏	Jiangsu	95.16	96.90	104.11	94.50
浙 江	Zhejiang	101.14	100.91	101.13	91.24
安 徽	Anhui	94.21	94.12	94.04	91.68
福 建	Fujian	95.93	100.31	98.60	90.86
江 西	Jiangxi	96.53	100.94	98.13	88.80
山 东	Shandong	93.81	90.32		99.67
河 南	Henan	94.20	92.30		
湖 北	Hubei	97.32	98.43	96.68	72.99
湖 南	Hunan	102.80	84.36	101.01	93.50
广 东	Guangdong	98.32	99.55	97.46	87.98
广 西	Guangxi	97.51	86.74	100.00	100.00
海 南	Hainan	93.86	95.32	99.17	95.34
重 庆	Chongqing	105.39	100.25		
四 川	Sichuan	100.87	97.17		
贵 州	Guizhou	104.90	99.66		105.49
云 南	Yunnan	97.13	97.46	115.38	131.30
陕 西	Shaanxi	95.27	95.77		
甘 肃	Gansu	98.07	89.42		
青 海	Qinghai	92.38	92.06		
宁 夏	Ningxia	85.68	93.61		
新 疆	Xinjiang	96.86	94.98		

2-17 续表 5 continued 5

地 区	Region	生牛奶 Cow milk		山羊毛 Goat's wool		绵羊毛 Sheep's wool	
		2015	2016	2015	2016	2015	2016
全 国	**National**	**92.22**	**96.15**	**97.05**	**98.3**	**99.08**	**89.97**
北 京	Beijing	90.74	93.10				
天 津	Tianjin	91.64	95.55				
河 北	Hebei	94.77	95.30			86.80	99.73
山 西	Shanxi	88.56	93.73	60.94	108.81		
内蒙古	Inner Mongolia	96.06	93.62	74.27	100.03	95.66	61.99
辽 宁	Liaoning	100.22	99.01		112.84		117.21
吉 林	Jilin	98.77	93.64				
黑龙江	Heilongjiang	97.38	101.13			119.92	
上 海	Shanghai	88.29	94.69				
江 苏	Jiangsu	93.23	96.06	100.00		100.00	
浙 江	Zhejiang	97.78	93.69				
安 徽	Anhui						
福 建	Fujian						
江 西	Jiangxi						
山 东	Shandong	93.11	93.1325				
河 南	Henan	91.07	97.67				
湖 北	Hubei	88.15	94.71				
湖 南	Hunan						
广 东	Guangdong						
广 西	Guangxi						
海 南	Hainan						
重 庆	Chongqing						
四 川	Sichuan	89.96	99.66			94.16	102.42
贵 州	Guizhou						
云 南	Yunnan	82.44	96.88				
陕 西	Shaanxi	85.48	95.54	112.26	91.27	91.28	85.71
甘 肃	Gansu	99.19	99.65	106.98	107.6	107.36	100.51
青 海	Qinghai	94.31	95.18			100.00	127.83
宁 夏	Ningxia	82.44	97.70	94.58	79.74	106.58	109.86
新 疆	Xinjiang	93.16	93.19	74.29	102.32		101.99

2-18 各地区渔业产品生产者价格分类指数
Producer Price Indices of Fishery Products by Region and Category

(上年=100) (preceding year=100)

地区	Region	渔业产品 Fishery products		海水养殖产品 Marine aquacultural fish		海水捕捞产品 Marine fishing products	
		2015	2016	2015	2016	2015	2016
全国	**National**	**102.45**	**103.40**	**101.00**	**104.15**	**105.97**	**106.18**
北京	Beijing	101.01	99.04				
天津	Tianjin	100.34	106.11	91.16	135.30		
河北	Hebei	105.74	99.46				
山西	Shanxi	95.22	101.66				
内蒙古	Inner Mongolia	97.55	99.80				
辽宁	Liaoning	99.84	99.85	99.99	101.64		
吉林	Jilin	98.18	98.57				
黑龙江	Heilongjiang	95.80	104.24				
上海	Shanghai	100.88	106.44			109.31	114.83
江苏	Jiangsu	100.85	106.73	99.12	102.14	102.41	110.11
浙江	Zhejiang	104.60	105.84	105.61	103.94	106.08	109.42
安徽	Anhui	99.62	101.34				
福建	Fujian	100.54	107.29	100.05	110.11	100.92	107.77
江西	Jiangxi	103.88	103.20				
山东	Shandong	100.31	103.28	97.19	99.32	106.05	107.59
河南	Henan	99.44	99.31				
湖北	Hubei	96.72	106.94				
湖南	Hunan	101.15	103.13				
广东	Guangdong	101.09	104.21	102.97	105.40	103.54	103.98
广西	Guangxi	99.35	103.58	102.58	110.02	102.25	101.75
海南	Hainan	99.54	104.89	100.29	103.57	104.31	108.82
重庆	Chongqing	101.19	104.22				
四川	Sichuan	98.63	101.42				
贵州	Guizhou	104.44	101.02				
云南	Yunnan	97.99	102.45				
陕西	Shaanxi	102.37	97.41				
甘肃	Gansu	100.60	99.52				
青海	Qinghai	100.22	99.45				
宁夏	Ningxia	100.70	97.08				
新疆	Xinjiang	104.39	91.55				

2-18 续表 1 continued 1

地 区	Region	淡水养殖产品 Freshwater aquacultural products		海水养殖鱼 Marine aquacultural fish	
		2015	2016	2015	2016
全 国	**National**	**102.05**	**101.99**	**97.97**	**99.28**
北 京	Beijing	101.01	99.04		
天 津	Tianjin	102.25	102.37		
河 北	Hebei	105.74	99.46		
山 西	Shanxi	95.22	101.66		
内 蒙 古	Inner Mongolia	97.55	99.80		
辽 宁	Liaoning	99.56	96.56	97.75	95.94
吉 林	Jilin	98.18	98.57		
黑 龙 江	Heilongjiang	95.80	104.24		
上 海	Shanghai	97.00	102.57		
江 苏	Jiangsu	100.44	106.04	100.14	
浙 江	Zhejiang	101.08	100.11		
安 徽	Anhui	99.62	101.34		
福 建	Fujian	97.42	97.13	92.73	93.78
江 西	Jiangxi	103.88	103.20		
山 东	Shandong	100.96	104.04	100.65	87.12
河 南	Henan	99.44	99.31		
湖 北	Hubei	96.66	106.96		
湖 南	Hunan	101.15	103.13		
广 东	Guangdong	98.38	101.84	101.15	103.45
广 西	Guangxi	95.55	97.83		
海 南	Hainan	85.76	98.53	90.33	86.37
重 庆	Chongqing	101.19	104.22		
四 川	Sichuan	98.63	101.42		
贵 州	Guizhou	104.44	101.02		
云 南	Yunnan	97.99	102.45		
陕 西	Shaanxi	102.37	97.41		
甘 肃	Gansu	100.60	99.52		
青 海	Qinghai	100.00	99.45		
宁 夏	Ningxia	100.70	97.08		
新 疆	Xinjiang	104.39	91.55		

2-18 续表 2 continued 2

地 区	Region	海水养殖虾 Marine aquacultural shrimp		海水养殖蟹 Marine aquacultural crab		海水养殖贝类 Marine aquacultural shellfish	
		2015	2016	2015	2016	2015	2016
全 国	**National**	**107.99**	**101.08**	**108.33**	**121.49**	**103.87**	**106.76**
北 京	Beijing						
天 津	Tianjin	91.16	135.30				
河 北	Hebei						
山 西	Shanxi						
内蒙古	Inner Mongolia						
辽 宁	Liaoning	102.05	101.92			100.20	103.40
吉 林	Jilin						
黑龙江	Heilongjiang						
上 海	Shanghai						
江 苏	Jiangsu	99.53	100.79	100.00		99.07	102.24
浙 江	Zhejiang	103.99	97.39	103.71	116.03	107.25	101.15
安 徽	Anhui						
福 建	Fujian	99.33	105.45	105.22	117.83	101.30	116.66
江 西	Jiangxi						
山 东	Shandong	85.94	89.66			100.49	106.93
河 南	Henan						
湖 北	Hubei						
湖 南	Hunan						
广 东	Guangdong	102.41	103.92	102.32	106.44	109.16	112.49
广 西	Guangxi	89.97	111.51	100.49	95.92	111.97	111.06
海 南	Hainan	100.48	102.86				112.11
重 庆	Chongqing						
四 川	Sichuan						
贵 州	Guizhou						
云 南	Yunnan						
陕 西	Shaanxi						
甘 肃	Gansu						
青 海	Qinghai						
宁 夏	Ningxia						
新 疆	Xinjiang						

2-18 续表 3 continued 3

地 区	Region	海水捕捞鲜鱼 Marine fishing fish 2015	2016	大黄鱼 Large yellow croaker 2015	2016
全 国	**National**	**103.78**	**104.65**	**103.13**	**102.03**
北 京	Beijing				
天 津	Tianjin				
河 北	Hebei				
山 西	Shanxi				
内 蒙 古	Inner Mongolia				
辽 宁	Liaoning				
吉 林	Jilin				
黑 龙 江	Heilongjiang				
上 海	Shanghai	112.54	106.93		
江 苏	Jiangsu	105.40	102.75	100.76	
浙 江	Zhejiang	107.16	111.49	108.53	109.04
安 徽	Anhui				
福 建	Fujian	101.39	106.96		
江 西	Jiangxi				
山 东	Shandong	107.74	105.81		
河 南	Henan				
湖 北	Hubei				
湖 南	Hunan				
广 东	Guangdong	103.36	103.57		
广 西	Guangxi	100.84	99.68		
海 南	Hainan	103.41	108.06	100.55	92.58
重 庆	Chongqing				
四 川	Sichuan				
贵 州	Guizhou				
云 南	Yunnan				
陕 西	Shaanxi				
甘 肃	Gansu				
青 海	Qinghai				
宁 夏	Ningxia				
新 疆	Xinjiang				

2-18 续表 4 continued 4

地　区	Region	海水捕捞鲜鱼 Marine fishing fish			
		小黄鱼 Small yellow croaker		带鱼 Hairtail	
		2015	2016	2015	2016
全　国	**National**	**105.41**	**104.38**	**102.79**	**107.53**
北　京	Beijing				
天　津	Tianjin				
河　北	Hebei				
山　西	Shanxi				
内蒙古	Inner Mongolia				
辽　宁	Liaoning				
吉　林	Jilin				
黑龙江	Heilongjiang				
上　海	Shanghai				
江　苏	Jiangsu	102.03	103.84	108.58	108.09
浙　江	Zhejiang	103.16	109.48	112.24	113.69
安　徽	Anhui				
福　建	Fujian	103.90		100.64	108.92
江　西	Jiangxi				
山　东	Shandong	107.09	101.71	83.99	98.66
河　南	Henan				
湖　北	Hubei				
湖　南	Hunan				
广　东	Guangdong	100.31	99.54	100.33	101.32
广　西	Guangxi			101.83	105.89
海　南	Hainan	111.54	108.03	106.60	112.69
重　庆	Chongqing				
四　川	Sichuan				
贵　州	Guizhou				
云　南	Yunnan				
陕　西	Shaanxi				
甘　肃	Gansu				
青　海	Qinghai				
宁　夏	Ningxia				
新　疆	Xinjiang				

2-18 续表 5 continued 5

地 区	Region	海水捕捞虾 Marine fishing shrimp 2015	2016	中国对虾 Chinese prawn 2015	2016
全 国	**National**	**108.34**	**104.94**	**107.58**	**100.55**
北 京	Beijing				
天 津	Tianjin				
河 北	Hebei				
山 西	Shanxi				
内蒙古	Inner Mongolia				
辽 宁	Liaoning				
吉 林	Jilin				
黑龙江	Heilongjiang				
上 海	Shanghai	91.84	102.57		
江 苏	Jiangsu	107.22		100.00	
浙 江	Zhejiang	106.86	104.32	115.18	89.81
安 徽	Anhui				
福 建	Fujian	107.25	102.06	103.21	97.71
江 西	Jiangxi				
山 东	Shandong	107.71	104.27	108.09	106.82
河 南	Henan				
湖 北	Hubei				
湖 南	Hunan				
广 东	Guangdong	108.18	110.06		
广 西	Guangxi	106.26	101.39	97.55	
海 南	Hainan	106.80	111.67		
重 庆	Chongqing				
四 川	Sichuan				
贵 州	Guizhou				
云 南	Yunnan				
陕 西	Shaanxi				
甘 肃	Gansu				
青 海	Qinghai				
宁 夏	Ningxia				
新 疆	Xinjiang				

2-18 续表 6 continued 6

地 区	Region	海水捕捞蟹 Marine fishing crab		梭子蟹 Swimming crab	
		2015	2016	2015	2016
全 国	**National**	**107.82**	**107.89**	**107.82**	**107.89**
北 京	Beijing				
天 津	Tianjin				
河 北	Hebei				
山 西	Shanxi				
内 蒙 古	Inner Mongolia				
辽 宁	Liaoning				
吉 林	Jilin				
黑 龙 江	Heilongjiang				
上 海	Shanghai	116.33	106.93	115.36	108.57
江 苏	Jiangsu	99.70	122.57	99.70	122.57
浙 江	Zhejiang	103.47	103.73	102.80	105.02
安 徽	Anhui				
福 建	Fujian	103.50	110.59	103.50	110.59
江 西	Jiangxi				
山 东	Shandong	100.82	102.27	100.82	102.27
河 南	Henan				
湖 北	Hubei				
湖 南	Hunan				
广 东	Guangdong	100.94	106.26		
广 西	Guangxi	105.22	100.27		100.00
海 南	Hainan	109.72	102.82	115.42	106.20
重 庆	Chongqing				
四 川	Sichuan				
贵 州	Guizhou				
云 南	Yunnan				
陕 西	Shaanxi				
甘 肃	Gansu				
青 海	Qinghai				
宁 夏	Ningxia				
新 疆	Xinjiang				

2-18 续表 7 continued 7

地 区	Region	养殖淡水鱼 Freshwater aquacultural fish		淡水养殖虾 Freshwater aquacultural shrimp		淡水养殖蟹 Freshwater aquacultural crab	
		2015	2016	2015	2016	2015	2016
全 国	**National**	**101.45**	**101.03**	**105.51**	**101.69**	**99.11**	**107.88**
北 京	Beijing	101.01	99.04				
天 津	Tianjin	102.74	100.52	101.44	105.77		
河 北	Hebei	105.74	99.46				
山 西	Shanxi	95.22	101.66				
内蒙古	Inner Mongolia	97.55	99.80				
辽 宁	Liaoning	108.47	95.29	84.32		102.35	97.83
吉 林	Jilin	98.18	98.57				
黑龙江	Heilongjiang	95.80	104.24				
上 海	Shanghai	90.89	103.57	100.42	105.86	102.75	92.59
江 苏	Jiangsu	101.28	105.77	100.27	101.43	98.81	111.67
浙 江	Zhejiang	101.78	103.46	97.63	95.41	86.99	103.39
安 徽	Anhui	100.47	99.84	103.53	101.48	90.15	114.94
福 建	Fujian	97.15	95.88	99.66	107.32		
江 西	Jiangxi	103.81	102.95	112.14	120.85	103.39	110.39
山 东	Shandong	100.96	103.95		112.57		117.05
河 南	Henan	99.44	99.31				
湖 北	Hubei	96.28	105.87	98.27	110.15	103.88	121.47
湖 南	Hunan	100.68	99.53			97.57	82.77
广 东	Guangdong	96.46	100.89	105.18	105.89	105.00	
广 西	Guangxi	96.56	99.98				
海 南	Hainan	85.76	98.53				
重 庆	Chongqing	101.19	104.22				
四 川	Sichuan	98.63	101.42				
贵 州	Guizhou	104.44	101.02				
云 南	Yunnan	97.99	102.45				
陕 西	Shaanxi	102.37	97.41				
甘 肃	Gansu	100.60	99.52				
青 海	Qinghai	100.00	99.45				
宁 夏	Ningxia	100.70	97.08				
新 疆	Xinjiang	104.39	91.55				

2-18 续表 8 continued 8

地区	Region	养殖淡水鱼 Freshwater aquacultural fish		养殖淡水鲤鱼 Carp	
		2015	2016	2015	2016
全国	**National**	**101.45**	**101.03**	**104.99**	**98.43**
北京	Beijing	101.01	99.04	100.99	95.74
天津	Tianjin	102.74	100.52	100.64	86.94
河北	Hebei	105.74	99.46	110.09	97.66
山西	Shanxi	95.22	101.66	97.70	
内蒙古	Inner Mongolia	97.55	99.80	94.23	103.16
辽宁	Liaoning	108.47	95.29	116.49	92.35
吉林	Jilin	98.18	98.57	98.83	98.28
黑龙江	Heilongjiang	95.80	104.24	101.08	103.04
上海	Shanghai	90.89	103.57		
江苏	Jiangsu	101.28	105.77	100.87	97.20
浙江	Zhejiang	101.78	103.46	75.00	105.76
安徽	Anhui	100.47	99.84	99.17	96.97
福建	Fujian	97.15	95.88	100.54	101.76
江西	Jiangxi	103.81	102.95	119.64	103.14
山东	Shandong	100.96	103.95	103.61	105.81
河南	Henan	99.44	99.31	103.50	96.45
湖北	Hubei	96.28	105.87	99.40	106.54
湖南	Hunan	100.68	99.53	103.47	104.99
广东	Guangdong	96.46	100.89	108.43	96.73
广西	Guangxi	96.56	99.98	104.20	100.00
海南	Hainan	85.76	98.53		
重庆	Chongqing	101.19	104.22		
四川	Sichuan	98.63	101.42	98.97	102.80
贵州	Guizhou	104.44	101.02	105.47	102.11
云南	Yunnan	97.99	102.45	101.33	96.78
陕西	Shaanxi	102.37	97.41	112.79	86.38
甘肃	Gansu	100.60	99.52	95.71	103.54
青海	Qinghai	100.00	99.45		
宁夏	Ningxia	100.70	97.08	103.87	89.96
新疆	Xinjiang	104.39	91.55	104.41	91.25

2-18 续表 9 continued 9

地 区	Region	养殖淡水鱼 Freshwater aquacultural fish			
		养殖淡水草鱼 Grass carp		养殖淡水鲢鱼 Silver carp	
		2015	2016	2015	2016
全 国	**National**	**101.00**	**103.03**	**100.25**	**99.87**
北 京	Beijing	100.94	103.65		
天 津	Tianjin	104.71	108.26	100.80	110.27
河 北	Hebei	92.58	105.86		
山 西	Shanxi	96.55		102.15	87.44
内蒙古	Inner Mongolia	99.68	92.75	100.00	96.96
辽 宁	Liaoning	177.61	103.07	79.98	95.55
吉 林	Jilin	99.63	105.44	97.72	104.16
黑龙江	Heilongjiang			90.82	105.38
上 海	Shanghai	85.76	101.17	91.81	112.96
江 苏	Jiangsu	98.30	103.79	102.94	105.91
浙 江	Zhejiang	100.33	105.02	102.93	104.03
安 徽	Anhui	100.42	99.17	99.75	95.05
福 建	Fujian	98.05	108.01	98.32	95.21
江 西	Jiangxi	98.35	101.71	98.79	101.97
山 东	Shandong	101.15	101.05	101.06	101.58
河 南	Henan	99.23	99.45	95.21	101.79
湖 北	Hubei	94.10	105.82	95.49	101.61
湖 南	Hunan	101.07	100.00	100.86	97.11
广 东	Guangdong	94.42	100.70	99.91	108.96
广 西	Guangxi	98.38	100.62	100.54	101.77
海 南	Hainan	100.00			
重 庆	Chongqing	101.11	105.11	100.00	100.89
四 川	Sichuan	100.15	98.26	96.53	97.48
贵 州	Guizhou	101.27	98.58	99.73	93.08
云 南	Yunnan	97.97	112.48	88.58	103.85
陕 西	Shaanxi	92.56	107.79		
甘 肃	Gansu	109.19		130.00	
青 海	Qinghai				
宁 夏	Ningxia	95.00	107.21	103.84	98.44
新 疆	Xinjiang	96.12	97.70	108.44	82.86

3

农产品集贸市场价格

Prices of Agricultural Products at the Rural Market Fairs

3-1 全国农产品集贸市场年度价格及走势
Annual RMF Prices of Agricultural Products

品　种	Categories	2000	2005	2010	2014	2015	2016
一、价格	Price						
(元/公斤)	(yuan/ kg)						
籼　稻	Long grained nonglutinous rice	1.01	1.50	2.13	2.76	2.80	2.77
粳　稻	Round- grained rice	1.27	1.78	2.57	3.17	3.21	3.17
小　麦	Wheat	1.02	1.51	2.07	2.57	2.52	2.44
玉　米	Corn	0.88	1.30	2.05	2.47	2.39	2.09
大　豆	Soybeans	2.53	3.59	5.19	6.30	6.19	6.02
籼　米	Polished long-grained nonglutinous rice		2.51	3.48	4.80	4.88	4.89
粳　米	Polished round-grained rice		2.94	4.24	5.29	5.39	5.41
二、价格走势	Index						
(上年=100)	(preceding year=100)						
籼　稻	Long grained-nonglutinous rice	82.44	99.48	109.85	101.85	101.45	98.93
粳　稻	Round-grained rice	91.39	103.80	119.53	102.26	101.26	98.75
小　麦	Wheat	82.02	99.55	107.86	102.80	98.05	96.83
玉　米	Corn	81.99	93.30	117.80	102.92	96.76	87.45
大　豆	Soybeans	93.23	92.61	107.17	101.12	98.25	97.25
籼　米	Polished long-grained nonglutinous rice		101.00	109.33	102.68	101.67	100.20
粳　米	Polished round-grained rice		103.46	116.65	101.34	101.89	100.37

注：RMF为抽中的农村集贸市场。
NOTE: RMF refers to the selected Rural Market Faires.

3-1 续表 1 continued 1

品 种	Categories	2000	2005	2010	2014	2015	2016
一、价格	Price						
(元/公斤)	(yuan/ kg)						
棉花(籽棉)	Cotton (unginned cotton)	3.33	5.09	7.66	7.97	6.78	6.80
花生仁	Peanut kernel		6.59	10.02	11.95	12.93	13.13
油菜籽	Rapeseeds		2.67	4.20	5.34	5.20	4.94
大白菜	Chinese cabbage		1.19	2.16	2.27	2.60	2.85
黄 瓜	Cucumber		2.31	3.73	4.83	5.13	5.21
西红柿	Tomato		2.39	4.08	5.37	5.55	5.77
菜 椒	Green bell		2.88	4.50	5.82	6.37	6.55
四季豆	Kidney beans		3.10	5.51	8.02	8.11	8.41
红富士苹果	Hongfushi apple		3.49	6.72	10.12	10.39	9.18
香 蕉	Banana		3.29	4.73	7.07	5.79	5.66
橙 子	Orange		3.27	5.09	8.07	8.77	8.56
二、价格走势	Index						
(上年=100)	(preceding year=100)						
棉花(籽棉)	Cotton (unginned cotton)		91.02	138.16	97.31	85.07	100.29
花生仁	Peanut kernel		97.66	127.90	89.71	108.20	101.55
油菜籽	Rapeseeds		93.57	102.93	100.19	97.38	95.00
大白菜	Chinese cabbage		119.40	132.77	86.97	114.54	109.62
黄 瓜	Cucumber		113.82	110.95	97.38	106.21	101.56
西红柿	Tomato		109.75	114.33	99.37	103.35	103.96
菜 椒	Green bell		110.84	101.77	90.94	109.45	102.83
四季豆	Kidney beans		110.78	115.57	103.62	101.12	103.70
红富士苹果	Hongfushi apple		100.52	116.18	115.92	102.67	88.35
香 蕉	Banana		94.16	109.39	127.85	81.90	97.75
橙 子	Orange		92.02	118.30	112.87	108.67	97.61

3-1 续表 2 continued 2

品 种	Categories	2000	2005	2010	2014	2015	2016
一、价格	Price						
(元/公斤)	(yuan/ kg)						
草 鱼	Grass carp	7.25	9.43	12.96	16.09	15.37	15.13
鲤 鱼	Carp	7.73	8.67	11.03	13.26	13.88	13.37
鲢 鱼	Silver carp		7.36	9.23	10.91	10.83	10.73
带 鱼	Hairtail		10.50	15.33	23.19	23.62	24.53
活 猪	Hog	5.51	8.05	11.49	13.48	15.29	18.54
仔 猪	Piglet	7.16	12.35	15.43	22.30	26.10	38.35
猪 肉	Pork	9.68	13.39	18.93	22.26	24.52	28.67
牛 肉	Beef	12.53	17.35	33.17	61.39	61.88	61.71
羊 肉	Mutton	14.55	18.17	36.26	64.88	61.51	57.58
活 鸡	Live chicken		10.46	13.80	18.15	18.72	18.65
鸡 蛋	Eggs	4.98	6.61	8.61	10.83	9.89	9.26
二、价格走势	Index						
(上年=100)	(preceding year=100)						
草 鱼	Grass carp		103.60	105.54	100.72	95.53	98.44
鲤 鱼	Carp		97.44	105.18	102.47	104.68	96.33
鲢 鱼	Silver carp		104.71	103.61	98.64	99.27	99.08
带 鱼	Hairtail		103.67	116.18	105.34	101.85	103.85
活 猪	Hog		95.36	101.86	90.08	113.43	121.26
仔 猪	Piglet		101.68	92.84	86.84	117.04	146.93
猪 肉	Pork		95.85	101.97	92.16	110.15	116.92
牛 肉	Beef		107.06	103.50	106.75	100.80	99.73
羊 肉	Mutton		107.04	108.94	104.87	94.81	93.61
活 鸡	Live chicken		103.65	105.51	107.14	103.14	99.63
鸡 蛋	Eggs		103.26	110.14	110.85	91.32	93.63

3-2 全国农产品集贸市场月度价格及走势(1月份)
Monthly RMF Prices of Agricultural Products in January

品　种	Categories	2000	2005	2010	2014	2015	2016
一、价格	Price						
(元/公斤)	(yuan/ kg)						
籼　稻	Long-grained nonglutinous rice	1.10	1.55	1.98	2.72	2.79	2.79
粳　稻	Round-grained rice	1.32	1.75	2.28	3.12	3.19	3.21
小　麦	Wheat	1.12	1.56	2.01	2.56	2.59	2.45
玉　米	Corn	0.85	1.31	1.88	2.36	2.43	2.19
大　豆	Soybeans	2.37	3.74	5.00	6.26	6.27	6.04
籼　米	Polished long-grained nonglutinous rice		2.53	3.27	4.74	4.84	4.88
粳　米	Polished round-grained rice		2.89	3.90	5.24	5.34	5.39
棉　花	Cotton (unginned cotton)	2.89	4.66	6.40	8.34	6.91	6.84
花生仁	Peanut kernel		6.69	9.55	12.20	12.88	12.71
油菜籽	Rapeseeds		2.85	4.05	5.44	5.38	5.01
活　猪	Hog	5.51	8.80	11.93	13.92	13.46	17.70
仔　猪	Piglet	6.37	13.29	16.18	22.93	20.26	30.14
猪　肉	Pork	9.30	14.33	19.49	23.40	22.14	27.38
牛　肉	Beef	11.37	16.95	33.21	61.94	62.25	62.12
羊　肉	Mutton	14.20	18.40	34.85	66.15	63.68	58.80
活　鸡	Live chicken		10.51	13.38	17.65	18.75	18.82
鸡　蛋	Eggs	4.57	6.78	8.17	9.87	10.91	10.36
草　鱼	Grass carp	6.96	9.31	12.35	16.23	15.52	14.66
鲤　鱼	Carp	7.23	8.80	10.30	13.08	13.36	13.35
鲢　鱼	Silver carp		7.12	8.85	11.14	10.81	10.66
带　鱼	Hairtail		10.24	14.20	23.27	23.61	24.28
大白菜	Chinese cabbage		0.72	1.86	1.97	1.98	2.58
黄　瓜	Cucumber		2.65	4.63	6.80	6.42	7.66
西红柿	Tomato		2.49	4.62	7.42	5.67	7.20
菜　椒	Green bell		3.11	5.10	8.67	7.57	7.62
四季豆	Kidney beans		3.42	6.00	11.73	9.57	10.07
红富士苹果	Hongfushi apple		3.24	5.72	9.12	10.50	9.53
香　蕉	Banana		3.24	3.79	6.00	6.56	5.29
橙　子	Orange		3.14	4.18	7.00	8.29	8.43

3-2 续表 continued

品 种	Categories	2000	2005	2010	2014	2015	2016
二、价格走势	Index						
(上年同期=100)	(the same period of preceding year=100)						
籼 稻	Long-grained nonglutinous rice	103.62	101.06	105.45	99.02	102.57	100.00
粳 稻	Round-grained rice	104.26	100.66	112.80	100.95	102.24	100.63
小 麦	Wheat	101.34	100.23	108.88	103.04	101.17	94.59
玉 米	Corn	91.12	98.17	118.98	99.17	102.97	90.12
大 豆	Soybeans	92.43	99.31	101.92	101.86	100.16	96.33
籼 米	Polished long-grained nonglutinous rice		100.91	103.99	101.31	102.11	100.83
粳 米	Polished round-grained rice		100.26	114.40	100.54	101.91	100.94
棉 花	Cotton (unginned cotton)		99.92	132.09	101.80	82.85	98.99
花生仁	Peanut kernel		99.48	122.34	86.58	105.57	98.68
油菜籽	Rapeseeds		99.13	92.37	103.39	98.90	93.12
活 猪	Hog		99.62	89.51	82.11	96.70	131.50
仔 猪	Piglet		98.56	87.49	86.04	88.36	148.77
猪 肉	Pork		99.57	91.41	88.70	94.62	123.67
牛 肉	Beef		102.48	100.98	113.59	100.50	99.79
羊 肉	Mutton		104.99	103.60	111.46	96.27	92.34
活 鸡	Live chicken		100.32	97.48	98.71	106.23	100.37
鸡 蛋	Eggs		100.58	105.59	92.51	110.54	94.96
草 鱼	Grass carp		102.71	102.66	106.60	95.63	94.46
鲤 鱼	Carp		101.86	96.24	99.40	102.14	99.93
鲢 鱼	Silver carp		102.25	97.14	101.38	97.04	98.61
带 鱼	Hairtail		100.41	109.35	107.20	101.46	102.84
大白菜	Chinese cabbage		111.15	158.02	92.06	100.51	130.30
黄 瓜	Cucumber		111.99	97.71	110.25	94.41	119.31
西红柿	Tomato		115.70	106.85	121.50	76.42	126.98
菜 椒	Green bell		116.45	72.42	128.28	87.31	100.66
四季豆	Kidney beans		112.92	92.14	132.63	81.59	105.22
红富士苹果	Hongfushi apple		102.15	118.14	111.06	115.13	90.76
香 蕉	Banana		101.28	94.37	124.35	109.33	80.64
橙 子	Orange		96.10	109.13	107.41	118.43	101.69

3-3 全国农产品集贸市场月度价格及走势(2月份)
Monthly RMF Prices of Agricultural Products in February

品 种	Categories	2000	2005	2010	2014	2015	2016
一、价格	Price						
(元/公斤)	(yuan/ kg)						
籼 稻	Long-grained nonglutinous rice	1.08	1.55	1.98	2.74	2.79	2.80
粳 稻	Round-grained rice	1.31	1.76	2.40	3.12	3.20	3.21
小 麦	Wheat	1.09	1.57	2.01	2.57	2.58	2.46
玉 米	Corn	0.85	1.31	1.90	2.37	2.48	2.18
大 豆	Soybeans	2.44	3.71	5.00	6.26	6.29	6.03
籼 米	Polished long-grained nonglutinous rice		2.55	3.29	4.75	4.84	4.88
粳 米	Polished round-grained rice		2.93	3.96	5.24	5.35	5.41
棉 花	Cotton (unginned cotton)	2.99	4.75	6.52	8.26	6.89	6.64
花生仁	Peanut kernel		6.71	9.72	11.95	13.04	12.76
油菜籽	Rapeseeds		2.84	4.12	5.42	5.39	4.98
活 猪	Hog	5.46	8.80	11.22	13.24	13.09	18.01
仔 猪	Piglet	6.43	13.39	15.49	22.44	20.46	32.22
猪 肉	Pork	9.66	14.33	18.87	22.47	22.08	27.87
牛 肉	Beef	12.84	17.76	33.90	61.55	63.52	62.51
羊 肉	Mutton	15.08	19.16	35.85	65.77	64.33	58.66
活 鸡	Live chicken		11.03	13.67	17.05	19.34	18.92
鸡 蛋	Eggs	5.32	6.86	8.28	9.43	10.93	9.69
草 鱼	Grass carp	6.92	9.78	13.04	16.01	16.09	14.84
鲤 鱼	Carp	7.29	9.23	10.97	12.83	14.08	13.41
鲢 鱼	Silver carp		7.46	9.28	10.92	11.14	10.74
带 鱼	Hairtail		10.77	15.08	23.03	23.93	24.36
大白菜	Chinese cabbage		0.98	2.21	1.95	2.46	3.10
黄 瓜	Cucumber		3.71	6.05	6.94	8.08	8.13
西红柿	Tomato		2.99	5.24	7.63	7.24	7.58
菜 椒	Green bell		3.81	5.68	8.30	9.66	9.16
四季豆	Kidney beans		4.14	7.13	11.29	11.88	12.57
红富士苹果	Hongfushi apple		3.34	6.07	9.17	10.99	9.54
香 蕉	Banana		3.40	4.21	6.34	7.18	5.62
橙 子	Orange		3.26	4.57	7.08	8.83	8.38

3-3 续表 continued

品 种 Categories		2000	2005	2010	2014	2015	2016
二、价格走势	Index						
(上年同期=100)	(the same period of preceding year=100)						
籼 稻	Long-grained nonglutinous rice	98.18	99.97	104.30	99.28	101.82	100.36
粳 稻	Round-grained rice	99.24	100.79	116.61	100.65	102.56	100.31
小 麦	Wheat	97.32	100.79	106.29	102.80	100.39	95.35
玉 米	Corn	100.00	100.22	120.35	99.16	104.64	87.90
大 豆	Soybeans	102.95	99.15	103.25	101.79	100.48	95.87
籼 米	Polished long-grained nonglutinous rice		100.75	104.33	101.28	101.89	100.83
粳 米	Polished round-grained rice		101.19	115.46	100.38	102.10	101.12
棉 花	Cotton (unginned cotton)	103.42	101.97	131.86	100.36	83.41	96.37
花生仁	Peanut kernel		100.28	126.82	85.17	109.12	97.85
油菜籽	Rapeseeds		99.84	91.11	102.26	99.45	92.39
活 猪	Hog	99.09	99.94	90.06	83.96	98.87	137.59
仔 猪	Piglet	100.94	100.73	83.67	85.19	91.18	157.48
猪 肉	Pork	103.87	99.97	92.57	88.50	98.26	126.22
牛 肉	Beef	112.93	104.76	104.81	109.33	103.20	98.41
羊 肉	Mutton	106.20	104.15	108.05	108.60	97.81	91.19
活 鸡	Live chicken		104.96	103.17	94.15	113.43	97.83
鸡 蛋	Eggs	116.41	101.22	110.46	90.50	115.91	88.66
草 鱼	Grass carp	99.43	105.05	108.46	102.63	100.50	92.23
鲤 鱼	Carp	100.83	104.85	106.12	97.12	109.74	95.24
鲢 鱼	Silver carp		104.85	102.55	98.47	102.01	96.41
带 鱼	Hairtail		105.09	116.56	105.30	103.91	101.80
大白菜	Chinese cabbage		137.31	189.76	89.45	126.15	126.02
黄 瓜	Cucumber		140.21	131.26	99.86	116.43	100.62
西红柿	Tomato		120.18	126.75	125.70	94.89	104.70
菜 椒	Green bell		122.46	92.06	122.96	116.39	94.82
四季豆	Kidney beans		120.84	113.50	113.01	105.23	105.81
红富士苹果	Hongfushi apple		103.08	125.12	109.69	119.85	86.81
香 蕉	Banana		105.03	107.59	121.92	113.25	78.27
橙 子	Orange		103.86	119.65	103.36	124.72	94.90

3-4 全国农产品集贸市场月度价格及走势(3月份)
Monthly RMF Prices of Agricultural Products in March

品 种	Categories	2000	2005	2010	2014	2015	2016
一、价格	Price						
(元/公斤)	(yuan/ kg)						
籼稻	Long-grained nonglutinous rice	0.99	1.56	2.02	2.76	2.81	2.80
粳稻	Round-grained rice	1.29	1.78	2.46	3.14	3.22	3.20
小麦	Wheat	1.05	1.57	2.03	2.57	2.58	2.47
玉米	Corn	0.84	1.32	1.93	2.37	2.45	2.16
大豆	Soybeans	2.47	3.71	5.02	6.26	6.27	6.01
籼米	Polished long-grained nonglutinous rice		2.57	3.33	4.77	4.88	4.88
粳米	Polished round-grained rice		2.95	4.01	5.25	5.39	5.40
棉花	Cotton (unginned cotton)	3.00	4.91	6.52	8.27	6.93	6.57
花生仁	Peanut kernel		6.65	9.71	11.72	13.00	12.87
油菜籽	Rapeseeds		2.86	4.04	5.40	5.36	4.97
活猪	Hog	5.47	8.71	9.98	12.13	12.64	18.97
仔猪	Piglet	6.99	13.90	14.46	21.92	21.42	37.15
猪肉	Pork	9.47	14.03	17.32	20.93	21.23	28.79
牛肉	Beef	12.76	17.37	32.80	61.24	62.20	61.85
羊肉	Mutton	14.88	18.39	35.42	65.18	63.15	58.24
活鸡	Live chicken		10.95	13.40	17.23	18.95	18.73
鸡蛋	Eggs	5.00	6.49	7.97	9.58	10.00	9.13
草鱼	Grass carp	6.92	9.58	12.74	15.94	15.58	14.68
鲤鱼	Carp	7.42	8.93	10.56	12.65	13.98	13.28
鲢鱼	Silver carp		7.46	9.02	10.87	10.85	10.70
带鱼	Hairtail		10.31	14.87	22.96	23.58	24.20
大白菜	Chinese cabbage		0.95	2.37	2.11	2.57	4.05
黄瓜	Cucumber		3.26	5.01	6.17	5.71	6.80
西红柿	Tomato		2.71	4.76	6.98	6.06	7.71
菜椒	Green bell		3.66	5.30	7.55	7.66	10.36
四季豆	Kidney beans		4.13	7.29	11.24	10.24	12.39
红富士苹果	Hongfushi apple		3.29	6.11	9.26	10.80	9.21
香蕉	Banana		3.29	4.31	6.43	6.57	5.64
橙子	Orange		3.25	4.70	7.23	8.77	7.94

3-4 续表 continued

品 种	Categories	2000	2005	2010	2014	2015	2016
二、价格走势	Index						
(上年同期=100)	(the same period of preceding year=100)						
籼 稻	Long-grained nonglutinous rice	91.67	100.56	105.03	100.36	101.81	99.64
粳 稻	Round-grained rice	98.47	100.86	117.13	101.29	102.55	99.38
小 麦	Wheat	96.33	99.83	106.04	103.21	100.39	95.74
玉 米	Corn	98.82	100.35	118.82	99.16	103.38	88.16
大 豆	Soybeans	101.23	100.12	104.05	101.13	100.16	95.85
籼 米	Polished long-grained nonglutinous rice		100.70	105.18	101.92	102.31	100.00
粳 米	Polished round-grained rice		100.88	114.80	100.96	102.67	100.19
棉 花	Cotton (unginned cotton)	100.40	103.35	126.90	102.35	83.80	94.81
花 生 仁	Peanut kernel		99.15	131.55	84.07	110.92	99.00
油 菜 籽	Rapeseeds		100.48	91.95	100.37	99.26	92.72
活 猪	Hog	100.18	98.98	85.64	86.21	104.20	150.08
仔 猪	Piglet	108.71	103.83	79.71	86.74	97.72	173.44
猪 肉	Pork	98.03	97.93	89.83	89.71	101.43	135.61
牛 肉	Beef	99.38	97.82	102.80	108.97	101.57	99.44
羊 肉	Mutton	98.67	96.00	108.06	108.25	96.89	92.22
活 鸡	Live chicken		99.26	100.98	96.69	109.98	98.84
鸡 蛋	Eggs	93.98	94.63	105.89	98.46	104.38	91.30
草 鱼	Grass carp	100.00	97.92	104.82	102.77	97.74	94.22
鲤 鱼	Carp	101.78	96.81	100.51	96.93	110.51	94.99
鲢 鱼	Silver carp		99.98	100.20	99.45	99.82	98.62
带 鱼	Hairtail		95.78	114.36	106.10	102.70	102.63
大 白 菜	Chinese cabbage		96.90	165.10	97.24	121.80	157.59
黄 瓜	Cucumber		87.89	111.07	98.88	92.54	119.09
西 红 柿	Tomato		90.38	113.77	120.76	86.82	127.23
菜 椒	Green bell		96.12	88.47	103.85	101.46	135.25
四 季 豆	Kidney beans		99.89	115.53	120.60	91.10	121.00
红富士苹果	Hongfushi apple		98.59	124.93	111.16	116.63	85.28
香 蕉	Banana		96.68	109.11	118.85	102.18	85.84
橙 子	Orange		99.77	122.21	103.29	121.30	90.54

3-5 全国农产品集贸市场月度价格及走势(4月份)
Monthly RMF Prices of Agricultural Products in April

品种	Categories	2000	2005	2010	2014	2015	2016
一、价格	Price						
(元/公斤)	(yuan/ kg)						
籼稻	Long-grained nonglutinous rice	1.02	1.56	2.07	2.76	2.82	2.78
粳稻	Round-grained rice	1.22	1.81	2.50	3.15	3.24	3.17
小麦	Wheat	1.04	1.58	2.05	2.56	2.58	2.49
玉米	Corn	0.82	1.33	1.99	2.38	2.46	2.10
大豆	Soybeans	2.57	3.67	5.07	6.27	6.23	6.01
籼米	Polished long-grained nonglutinous rice		2.56	3.37	4.78	4.88	4.88
粳米	Polished round-grained rice		2.93	4.10	5.26	5.40	5.40
棉花	Cotton (unginned cotton)	3.28	4.75	6.62	8.27	6.88	6.58
花生仁	Peanut kernel		6.64	9.78	11.60	13.05	13.06
油菜籽	Rapeseeds		2.85	4.12	5.38	5.31	4.97
活猪	Hog	5.38	8.48	9.68	11.29	13.31	19.73
仔猪	Piglet	7.00	13.66	13.88	21.11	23.27	41.08
猪肉	Pork	9.22	13.76	16.64	19.31	21.72	29.62
牛肉	Beef	12.58	17.08	32.52	61.05	61.76	61.78
羊肉	Mutton	14.55	17.91	35.24	64.98	62.30	57.99
活鸡	Live chicken		10.70	13.15	17.50	18.71	18.66
鸡蛋	Eggs	4.87	6.28	7.83	10.00	9.46	9.00
草鱼	Grass carp	7.19	9.59	12.68	15.93	15.50	14.91
鲤鱼	Carp	7.76	8.78	10.60	12.64	14.06	13.26
鲢鱼	Silver carp		7.36	9.06	10.82	10.85	10.68
带鱼	Hairtail		10.33	14.71	23.03	23.47	24.21
大白菜	Chinese cabbage		1.19	2.79	2.26	3.10	3.13
黄瓜	Cucumber		2.66	4.24	4.45	4.81	4.64
西红柿	Tomato		2.85	4.89	6.18	5.75	6.79
菜椒	Green bell		3.95	5.97	6.58	7.63	7.25
四季豆	Kidney beans		3.86	6.73	8.82	9.29	9.90
红富士苹果	Hongfushi apple		3.23	6.28	9.53	10.79	8.97
香蕉	Banana		3.22	4.91	6.83	6.16	5.54
橙子	Orange		3.23	4.85	7.70	8.82	8.04

3-5 续表 continued

品 种	Categories	2000	2005	2010	2014	2015	2016
二、价格走势	Index						
(上年同期=100)	(the same period of preceding year=100)						
籼 稻	Long-grained nonglutinous rice	103.03	100.10	106.92	100.73	102.17	98.58
粳 稻	Round-grained rice	94.57	101.63	116.79	101.94	102.86	97.84
小 麦	Wheat	99.05	100.40	107.24	102.81	100.78	96.51
玉 米	Corn	97.62	100.93	119.61	99.58	103.36	85.37
大 豆	Soybeans	104.05	98.93	106.15	100.64	99.36	96.47
籼 米	Polished long-grained nonglutinous rice		99.79	106.62	102.36	102.09	100.00
粳 米	Polished round-grained rice		99.22	116.47	101.54	102.66	100.00
棉 花	Cotton (unginned cotton)	109.09	96.63	124.36	102.99	83.19	95.64
花生仁	Peanut kernel		99.91	132.90	84.06	112.50	100.08
油菜籽	Rapeseeds		99.76	95.62	99.45	98.70	93.60
活 猪	Hog	98.35	97.40	92.48	87.93	117.89	148.23
仔 猪	Piglet	100.14	98.25	83.37	88.62	110.23	176.54
猪 肉	Pork	97.36	98.08	94.02	89.40	112.48	136.37
牛 肉	Beef	98.59	98.34	103.11	108.44	101.16	100.03
羊 肉	Mutton	97.78	97.39	108.28	106.93	95.88	93.08
活 鸡	Live chicken		97.72	100.59	110.27	106.91	99.73
鸡 蛋	Eggs	97.40	96.75	102.64	109.17	94.60	95.14
草 鱼	Grass carp	103.90	100.12	103.06	100.44	97.30	96.19
鲤 鱼	Carp	104.58	98.36	100.66	97.98	111.23	94.31
鲢 鱼	Silver carp		98.66	101.95	97.92	100.28	98.43
带 鱼	Hairtail		100.18	112.98	105.89	101.91	103.15
大白菜	Chinese cabbage		124.77	143.28	68.28	137.17	100.97
黄 瓜	Cucumber		81.68	119.83	89.54	108.09	96.47
西红柿	Tomato		105.25	119.09	98.88	93.04	118.09
菜 椒	Green bell		108.01	109.62	81.84	115.96	95.02
四季豆	Kidney beans		93.32	119.85	91.97	105.33	106.57
红富士苹果	Hongfushi apple		98.15	119.33	114.41	113.22	83.13
香 蕉	Banana		97.89	112.40	118.78	90.19	89.94
橙 子	Orange		99.33	118.06	108.30	114.55	91.16

3-6 全国农产品集贸市场月度价格及走势(5月份)
Monthly RMF Prices of Agricultural Products in May

品 种	Categories	2000	2005	2010	2014	2015	2016
一、价格	Price						
(元/公斤)	(yuan/ kg)						
籼 稻	Long-grained nonglutinous rice	1.00	1.55	2.11	2.76	2.83	2.78
粳 稻	Round-grained rice	1.23	1.80	2.58	3.19	3.24	3.18
小 麦	Wheat	1.00	1.55	2.06	2.56	2.56	2.49
玉 米	Corn	0.84	1.32	2.05	2.44	2.49	2.10
大 豆	Soybeans	2.63	3.64	5.15	6.29	6.23	6.02
籼 米	Polished long-grained nonglutinous rice		2.54	3.44	4.80	4.89	4.89
粳 米	Polished round-grained rice		2.93	4.19	5.28	5.40	5.39
棉 花	Cotton (unginned cotton)	3.40	4.91	6.79	8.31	6.90	6.61
花生仁	Peanut kernel		6.58	9.80	11.75	13.07	13.21
油菜籽	Rapeseeds		2.78	4.25	5.29	5.15	4.87
活 猪	Hog	5.27	8.27	9.69	13.29	14.03	20.45
仔 猪	Piglet	7.04	13.66	13.83	23.08	24.63	43.80
猪 肉	Pork	9.20	13.58	16.41	21.53	22.53	30.47
牛 肉	Beef	12.57	17.19	32.65	61.09	61.42	61.76
羊 肉	Mutton	14.52	17.97	35.61	64.71	61.75	58.09
活 鸡	Live chicken		10.78	13.11	18.18	18.48	18.67
鸡 蛋	Eggs	4.85	6.62	7.83	11.02	9.18	9.07
草 鱼	Grass carp	7.40	9.61	12.82	16.42	15.49	15.13
鲤 鱼	Carp	8.22	8.76	10.69	13.42	14.13	13.41
鲢 鱼	Silver carp		7.51	9.13	10.90	10.80	10.71
带 鱼	Hairtail		10.37	14.87	23.12	23.55	24.32
大白菜	Chinese cabbage		1.31	2.27	2.23	2.80	2.61
黄 瓜	Cucumber		1.89	3.13	3.33	4.03	3.54
西红柿	Tomato		2.42	4.00	5.23	4.89	4.77
菜 椒	Green bell		2.97	4.94	5.29	6.18	5.48
四季豆	Kidney beans		3.24	5.99	6.57	7.29	6.78
红富士苹果	Hongfushi apple		3.27	6.53	10.26	10.75	9.02
香 蕉	Banana		3.14	5.20	7.52	6.19	5.79
橙 子	Orange		3.23	5.05	8.10	8.63	8.33

3-6 续表

continued

品　种	Categories	2000	2005	2010	2014	2015	2016
二、价格走势	Index						
(上年同期=100)	(the same period of preceding year=100)						
籼　稻	Long-grained nonglutinous rice	98.04	98.96	108.46	101.47	102.54	98.23
粳　稻	Round-grained rice	100.82	99.60	119.08	103.57	101.57	98.15
小　麦	Wheat	96.15	98.36	107.65	103.23	100.00	97.27
玉　米	Corn	102.44	99.10	122.11	101.67	102.05	84.34
大　豆	Soybeans	102.33	99.09	107.91	100.96	99.05	96.63
籼　米	Polished long-grained nonglutinous rice		99.03	108.78	103.23	101.88	100.00
粳　米	Polished round-grained rice		100.00	116.29	101.54	102.27	99.81
棉　花	Cotton (unginned cotton)	103.75	103.44	123.73	103.49	83.03	95.80
花生仁	Peanut kernel		99.00	131.19	86.84	111.23	101.07
油菜籽	Rapeseeds		97.45	104.16	100.76	97.35	94.56
活　猪	Hog	97.96	97.47	102.74	99.92	105.57	145.76
仔　猪	Piglet	100.57	100.01	94.20	94.63	106.72	177.83
猪　肉	Pork	99.78	98.70	101.57	98.45	104.64	135.24
牛　肉	Beef	99.92	100.63	103.78	107.86	100.54	100.55
羊　肉	Mutton	99.79	100.31	108.64	105.61	95.43	94.07
活　鸡	Live chicken		100.79	100.90	116.02	101.65	101.03
鸡　蛋	Eggs	99.59	105.39	101.04	119.78	83.30	98.80
草　鱼	Grass carp	102.92	100.20	102.88	102.11	94.34	97.68
鲤　鱼	Carp	105.93	99.75	99.69	104.84	105.29	94.90
鲢　鱼	Silver carp		102.03	102.16	98.11	99.08	99.17
带　鱼	Hairtail		100.40	113.03	106.74	101.86	103.27
大白菜	Chinese cabbage		110.14	118.01	81.68	125.56	93.21
黄　瓜	Cucumber		70.80	108.65	91.99	121.02	87.84
西红柿	Tomato		85.13	113.00	110.57	93.50	97.55
菜　椒	Green bell		75.04	114.01	88.61	116.82	88.67
四季豆	Kidney beans		83.92	122.98	93.99	110.96	93.00
红富士苹果	Hongfushi apple		101.24	107.90	118.61	104.78	83.91
香　蕉	Banana		97.50	101.45	118.61	82.31	93.54
橙　子	Orange		99.97	114.98	112.03	106.54	96.52

3-7 全国农产品集贸市场月度价格及走势(6月份)
Monthly RMF Prices of Agricultural Products in June

品 种	Categories	2000	2005	2010	2014	2015	2016
一、价格	Price						
(元/公斤)	(yuan/ kg)						
籼 稻	Long-grained nonglutinous rice	1.00	1.49	2.13	2.77	2.83	2.77
粳 稻	Round-grained rice	1.23	1.80	2.60	3.20	3.25	3.17
小 麦	Wheat	1.00	1.48	2.04	2.54	2.51	2.41
玉 米	Corn	0.87	1.31	2.10	2.48	2.50	2.15
大 豆	Soybeans	2.64	3.60	5.16	6.30	6.23	6.03
籼 米	Polished long-grained nonglutinous rice		2.51	3.46	4.82	4.89	4.91
粳 米	Polished round-grained rice		2.93	4.23	5.29	5.41	5.40
棉 花	Cotton (unginned cotton)	3.44	5.02	6.85	8.29	6.87	6.62
花生仁	Peanut kernel		6.56	9.83	11.75	13.03	13.51
油菜籽	Rapeseeds		2.55	4.14	5.23	5.08	4.79
活 猪	Hog	5.16	8.08	9.73	13.05	14.81	20.04
仔 猪	Piglet	7.20	13.28	13.73	22.85	26.09	43.96
猪 肉	Pork	9.25	13.45	16.47	21.62	23.45	30.39
牛 肉	Beef	12.39	17.26	32.47	60.97	61.29	61.52
羊 肉	Mutton	14.27	17.87	35.40	64.67	61.31	57.65
活 鸡	Live chicken		10.76	13.13	18.11	18.20	18.58
鸡 蛋	Eggs	4.74	6.70	8.02	10.49	8.99	8.64
草 鱼	Grass carp	7.47	9.52	12.97	16.47	15.51	15.42
鲤 鱼	Carp	8.20	8.71	10.87	13.60	14.24	13.61
鲢 鱼	Silver carp		7.46	9.19	10.94	10.88	10.78
带 鱼	Hairtail		10.62	15.28	23.13	23.66	24.42
大白菜	Chinese cabbage		1.31	1.82	2.60	2.94	2.35
黄 瓜	Cucumber		1.30	2.22	3.09	3.42	3.05
西红柿	Tomato		1.64	2.80	4.37	4.02	3.76
菜 椒	Green bell		2.03	3.77	4.47	5.19	4.32
四季豆	Kidney beans		1.95	3.83	6.12	5.82	5.40
红富士苹果	Hongfushi apple		3.43	6.97	10.93	10.78	9.34
香 蕉	Banana		3.05	5.29	7.34	5.82	5.78
橙 子	Orange		3.27	5.19	8.35	8.56	8.26

3-7 续表 continued

品　种	Categories	2000	2005	2010	2014	2015	2016
二、价格走势	Index						
(上年同期=100)	(the same period of preceding year=100)						
籼　稻	Long-grained nonglutinous rice	100.00	96.20	108.40	102.97	102.17	97.88
粳　稻	Round-grained rice	100.00	99.83	118.84	103.56	101.56	97.54
小　麦	Wheat	100.00	95.49	107.46	104.10	98.82	96.02
玉　米	Corn	103.57	99.55	122.38	102.48	100.81	86.00
大　豆	Soybeans	100.38	99.06	107.20	101.12	98.89	96.79
籼　米	Polished long-grained nonglutinous rice		99.01	108.58	103.88	101.45	100.41
粳　米	Polished round-grained rice		99.84	115.92	101.54	102.27	99.82
棉　花	Cotton (unginned cotton)	101.24	102.31	125.46	103.37	82.87	96.36
花生仁	Peanut kernel		99.80	130.70	88.88	110.89	103.68
油菜籽	Rapeseeds		91.98	106.56	100.19	97.13	94.29
活　猪	Hog	97.91	97.79	102.49	92.62	113.49	135.31
仔　猪	Piglet	102.27	97.28	95.16	88.63	114.18	168.49
猪　肉	Pork	100.54	99.04	101.50	94.45	108.46	129.59
牛　肉	Beef	98.57	100.39	103.43	106.57	100.52	100.38
羊　肉	Mutton	98.28	99.47	107.54	105.02	94.80	94.03
活　鸡	Live chicken		99.76	102.01	113.05	100.50	102.09
鸡　蛋	Eggs	97.73	101.24	104.77	114.39	85.70	96.11
草　鱼	Grass carp	100.95	99.09	103.08	101.92	94.17	99.42
鲤　鱼	Carp	99.76	99.43	100.17	107.17	104.71	95.58
鲢　鱼	Silver carp		99.36	102.34	99.00	99.45	99.08
带　鱼	Hairtail		102.37	115.16	105.57	102.29	103.21
大白菜	Chinese cabbage		99.98	105.88	92.53	113.08	79.93
黄　瓜	Cucumber		68.74	109.97	91.96	110.68	89.18
西红柿	Tomato		67.48	105.75	107.11	91.99	93.53
菜　椒	Green bell		68.41	119.30	85.31	116.11	83.24
四季豆	Kidney beans		60.35	121.31	108.70	95.10	92.78
红富士苹果	Hongfushi apple		104.88	101.55	119.85	98.63	86.64
香　蕉	Banana		97.20	104.77	120.33	79.29	99.31
橙　子	Orange		101.44	114.52	116.95	102.51	96.50

3-8 全国农产品集贸市场月度价格及走势(7月份)
Monthly RMF Prices of Agricultural Products in July

品 种	Categories	2000	2005	2010	2014	2015	2016
一、价格	Price						
(元/公斤)	(yuan/ kg)						
籼 稻	Long-grained nonglutinous rice	0.95	1.48	2.14	2.77	2.83	2.76
粳 稻	Round-grained rice	1.27	1.79	2.61	3.22	3.26	3.16
小 麦	Wheat	0.94	1.46	2.06	2.56	2.51	2.39
玉 米	Corn	0.88	1.31	2.12	2.54	2.49	2.16
大 豆	Soybeans	2.65	3.56	5.14	6.33	6.22	6.04
籼 米	Polished long-grained nonglutinous rice		2.48	3.47	4.82	4.90	4.91
粳 米	Polished round-grained rice		2.92	4.25	5.31	5.43	5.40
棉 花	Cotton (unginned cotton)	3.45	5.14	6.90	8.28	6.80	6.68
花生仁	Peanut kernel		6.54	9.84	11.74	13.11	13.74
油菜籽	Rapeseeds		2.50	4.12	5.27	5.08	4.90
活 猪	Hog	5.38	7.97	11.18	13.56	16.82	18.85
仔 猪	Piglet	7.32	12.79	14.87	22.85	29.36	41.87
猪 肉	Pork	9.48	13.33	18.24	22.14	26.15	29.43
牛 肉	Beef	12.30	17.15	32.55	61.01	61.30	61.47
羊 肉	Mutton	14.45	17.75	35.67	64.66	61.20	57.19
活 鸡	Live chicken		10.57	13.40	18.15	18.25	18.51
鸡 蛋	Eggs	4.71	6.61	8.26	11.10	9.20	8.76
草 鱼	Grass carp	7.60	9.42	13.02	16.37	15.43	15.38
鲤 鱼	Carp	8.28	8.67	11.02	13.60	14.31	13.55
鲢 鱼	Silver carp		7.43	9.15	11.01	10.86	10.82
带 鱼	Hairtail		10.57	15.49	23.28	23.64	24.48
大白菜	Chinese cabbage		1.50	2.16	2.64	2.84	2.62
黄 瓜	Cucumber		1.49	2.30	3.20	3.77	3.58
西红柿	Tomato		1.74	2.56	4.01	4.27	3.70
菜 椒	Green bell		1.98	3.28	4.24	4.94	4.39
四季豆	Kidney beans		2.25	3.87	5.27	5.81	5.55
红富士苹果	Hongfushi apple		3.71	7.18	11.24	10.80	9.47
香 蕉	Banana		3.07	5.08	7.22	5.54	5.63
橙 子	Orange		3.30	5.14	8.43	8.56	8.30

3-8 续表 continued

品　种	Categories	2000	2005	2010	2014	2015	2016
二、价格走势	Index						
(上年同期=100)	(the same period of preceding year=100)						
籼　稻	Long-grained nonglutinous rice	95.00	99.44	109.48	103.75	102.17	97.53
粳　稻	Round-grained rice	103.25	99.50	117.39	103.21	101.24	96.93
小　麦	Wheat	94.00	98.84	108.12	103.64	98.05	95.22
玉　米	Corn	101.15	99.97	118.74	103.67	98.03	86.75
大　豆	Soybeans	100.38	98.73	106.87	101.12	98.26	97.11
籼　米	Polished long-grained nonglutinous rice		98.75	108.69	103.88	101.66	100.20
粳　米	Polished round-grained rice		99.62	115.77	101.72	102.26	99.45
棉　花	Cotton (unginned cotton)	100.26	102.34	123.59	102.86	82.13	98.24
花生仁	Peanut kernel		99.64	130.28	89.14	111.67	104.81
油菜籽	Rapeseeds		97.87	106.02	100.19	96.39	96.46
活　猪	Hog	104.26	98.64	109.92	93.39	124.04	112.07
仔　猪	Piglet	101.67	96.27	97.82	87.01	128.49	142.61
猪　肉	Pork	102.49	99.08	107.50	93.97	118.11	112.54
牛　肉	Beef	99.27	99.38	103.45	106.09	100.48	100.28
羊　肉	Mutton	101.26	99.29	108.31	104.32	94.65	93.45
活　鸡	Live chicken		98.25	105.22	110.27	100.55	101.42
鸡　蛋	Eggs	99.37	98.70	110.35	119.10	82.88	95.22
草　鱼	Grass carp	101.74	98.93	103.87	100.12	94.26	99.68
鲤　鱼	Carp	100.98	99.50	103.40	106.83	105.22	94.69
鲢　鱼	Silver carp		99.63	102.72	99.28	98.64	99.63
带　鱼	Hairtail		99.59	117.01	105.96	101.55	103.55
大白菜	Chinese cabbage		114.26	126.05	89.80	107.58	92.25
黄　瓜	Cucumber		114.83	114.85	85.79	117.81	94.96
西红柿	Tomato		106.31	102.61	99.01	106.48	86.65
菜　椒	Green bell		97.56	117.04	81.85	116.51	88.87
四季豆	Kidney beans		115.06	127.34	86.82	110.25	95.52
红富士苹果	Hongfushi apple		108.03	98.56	121.65	96.09	87.69
香　蕉	Banana		100.60	103.99	124.05	76.73	101.62
橙　子	Orange		100.80	112.44	117.74	101.54	96.96

3-9 全国农产品集贸市场月度价格及走势(8月份)
Monthly RMF Prices of Agricultural Products in August

品 种	Categories	2000	2005	2010	2014	2015	2016
一、价格	Price						
(元/公斤)	(yuan/ kg)						
籼 稻	Long-grained nonglutinous rice	0.97	1.46	2.12	2.78	2.83	2.76
粳 稻	Round-grained rice	1.30	1.78	2.62	3.20	3.28	3.17
小 麦	Wheat	0.98	1.47	2.07	2.58	2.51	2.39
玉 米	Corn	0.89	1.31	2.11	2.63	2.45	2.14
大 豆	Soybeans	2.64	3.56	5.22	6.35	6.22	6.05
籼 米	Polished long-grained nonglutinous rice		2.46	3.50	4.83	4.90	4.91
粳 米	Polished round-grained rice		2.93	4.31	5.31	5.44	5.41
棉 花	Cotton (unginned cotton)	3.50	5.10	6.96	8.12	6.73	6.77
花生仁	Peanut kernel		6.58	9.89	11.87	13.21	13.64
油菜籽	Rapeseeds		2.52	4.25	5.29	5.03	4.90
活 猪	Hog	5.57	7.92	12.07	14.67	17.84	18.68
仔 猪	Piglet	7.43	12.50	16.19	23.48	31.54	41.22
猪 肉	Pork	9.82	13.28	19.51	23.40	27.94	29.09
牛 肉	Beef	12.66	17.22	32.77	61.16	61.39	61.47
羊 肉	Mutton	14.58	17.88	36.04	64.71	60.93	57.19
活 鸡	Live chicken		10.70	13.87	18.68	18.66	18.65
鸡 蛋	Eggs	5.17	6.77	8.97	12.03	10.50	9.39
草 鱼	Grass carp	7.34	9.39	13.03	16.30	15.38	15.53
鲤 鱼	Carp	7.89	8.55	11.28	13.70	14.10	13.49
鲢 鱼	Silver carp		7.35	9.23	10.91	10.93	10.79
带 鱼	Hairtail		10.66	15.55	23.34	23.57	24.64
大白菜	Chinese cabbage		1.49	2.37	2.61	2.98	2.83
黄 瓜	Cucumber		1.64	2.89	3.51	4.29	4.44
西红柿	Tomato		1.94	3.19	3.94	4.96	3.97
菜 椒	Green bell		2.03	3.43	4.17	4.96	4.77
四季豆	Kidney beans		2.42	4.42	6.14	6.88	6.25
红富士苹果	Hongfushi apple		3.83	7.29	11.05	10.57	9.43
香 蕉	Banana		3.20	5.00	7.93	5.46	6.21
橙 子	Orange		3.25	5.18	8.71	8.59	8.55

3-9 续表 continued

品 种	Categories	2000	2005	2010	2014	2015	2016
二、价格走势	Index						
(上年同期=100)	(the same period of preceding year=100)						
籼 稻	Long-grained nonglutinous rice	102.11	98.83	109.08	104.12	101.80	97.53
粳 稻	Round-grained rice	102.36	99.41	119.77	102.56	102.50	96.65
小 麦	Wheat	104.26	100.64	107.91	104.03	97.29	95.22
玉 米	Corn	101.14	100.28	114.55	107.35	93.16	87.35
大 豆	Soybeans	99.62	100.04	107.52	101.28	97.95	97.27
籼 米	Polished long-grained nonglutinous rice		99.14	109.74	103.65	101.45	100.20
粳 米	Polished round-grained rice		100.33	115.61	101.53	102.45	99.45
棉 花	Cotton (unginned cotton)	101.39	99.28	124.71	101.00	82.88	100.59
花生仁	Peanut kernel		100.68	130.42	90.06	111.29	103.26
油菜籽	Rapeseeds		100.73	111.29	99.81	95.09	97.42
活 猪	Hog	103.53	99.29	105.22	95.63	121.61	104.71
仔 猪	Piglet	101.50	97.71	96.36	86.71	134.33	130.69
猪 肉	Pork	103.59	99.63	105.03	95.08	119.40	104.12
牛 肉	Beef	102.93	100.42	102.29	105.79	100.38	100.13
羊 肉	Mutton	100.90	100.74	108.20	104.22	94.16	93.86
活 鸡	Live chicken		101.23	106.61	111.66	99.89	99.95
鸡 蛋	Eggs	109.77	102.37	111.12	122.13	87.28	89.43
草 鱼	Grass carp	96.58	99.74	104.55	99.03	94.36	100.98
鲤 鱼	Carp	95.29	98.58	106.75	105.63	102.92	95.67
鲢 鱼	Silver carp		98.92	103.30	97.76	100.18	98.72
带 鱼	Hairtail		100.83	116.66	105.75	100.99	104.54
大白菜	Chinese cabbage		99.48	126.64	82.59	114.18	94.97
黄 瓜	Cucumber		110.03	128.07	84.38	122.22	103.50
西红柿	Tomato		111.72	110.34	94.71	125.89	80.04
菜 椒	Green bell		102.59	122.61	75.82	118.94	96.17
四季豆	Kidney beans		107.66	132.99	96.24	112.05	90.84
红富士苹果	Hongfushi apple		103.33	108.75	120.24	95.66	89.21
香 蕉	Banana		104.16	105.46	137.67	68.85	113.74
橙 子	Orange		98.41	110.72	119.81	98.62	99.53

3-10 全国农产品集贸市场月度价格及走势(9月份)
Monthly RMF Prices of Agricultural Products in September

品 种	Categories	2000	2005	2010	2014	2015	2016
一、价格	Price						
(元/公斤)	(yuan/ kg)						
籼 稻	Long-grained nonglutinous rice	0.96	1.46	2.15	2.77	2.78	2.74
粳 稻	Round-grained rice	1.26	1.79	2.63	3.20	3.25	3.16
小 麦	Wheat	0.97	1.47	2.10	2.59	2.48	2.40
玉 米	Corn	0.90	1.32	2.14	2.62	2.38	2.07
大 豆	Soybeans	2.51	3.51	5.23	6.37	6.17	6.00
籼 米	Polished long-grained nonglutinous rice		2.47	3.55	4.82	4.89	4.90
粳 米	Polished round-grained rice		2.94	4.37	5.33	5.44	5.41
棉 花	Cotton (unginned cotton)	3.34	5.28	7.53	8.06	6.79	6.93
花生仁	Peanut kernel		6.59	10.14	11.92	12.97	13.18
油菜籽	Rapeseeds		2.54	4.17	5.31	5.17	4.96
活 猪	Hog	5.58	7.87	12.40	14.60	17.58	18.28
仔 猪	Piglet	7.54	12.16	16.38	23.13	30.63	39.40
猪 肉	Pork	9.98	13.23	20.08	23.51	27.83	28.58
牛 肉	Beef	12.81	17.44	33.17	61.40	61.75	61.42
羊 肉	Mutton	14.54	17.86	36.45	64.55	60.92	56.92
活 鸡	Live chicken		10.57	14.26	18.83	18.81	18.66
鸡 蛋	Eggs	5.29	6.96	9.36	11.97	10.36	9.59
草 鱼	Grass carp	7.35	9.39	13.12	16.06	15.23	15.40
鲤 鱼	Carp	7.74	8.59	11.46	13.60	13.81	13.48
鲢 鱼	Silver carp		7.42	9.33	10.93	10.88	10.79
带 鱼	Hairtail		10.63	15.76	23.34	23.49	24.77
大白菜	Chinese cabbage		1.41	2.19	2.59	2.86	3.07
黄 瓜	Cucumber		1.71	2.95	4.22	3.98	4.67
西红柿	Tomato		2.08	3.51	4.16	5.38	5.16
菜 椒	Green bell		2.21	3.63	4.45	5.14	5.69
四季豆	Kidney beans		2.56	4.62	6.47	6.72	7.09
红富士苹果	Hongfushi apple		3.79	7.01	10.50	10.10	9.28
香 蕉	Banana		3.50	4.91	8.19	5.37	6.38
橙 子	Orange		3.34	5.28	8.84	9.20	8.95

3-10 续表 continued

品　种	Categories	2000	2005	2010	2014	2015	2016
二、价格走势	Index						
(上年同期=100)	(the same period of preceding year=100)						
籼　稻	Long-grained nonglutinous rice	98.97	99.60	110.55	103.75	100.36	98.56
粳　稻	Round-grained rice	96.92	100.62	119.24	102.89	101.56	97.23
小　麦	Wheat	98.98	99.62	108.32	103.19	95.75	96.77
玉　米	Corn	101.12	100.29	113.57	107.38	90.84	86.97
大　豆	Soybeans	95.08	98.49	107.92	101.43	96.86	97.24
籼　米	Polished long-grained nonglutinous rice		100.60	111.09	102.99	101.45	100.20
粳　米	Polished round-grained rice		100.54	116.16	101.72	102.06	99.45
棉　花	Cotton (unginned cotton)	95.45	103.47	133.87	96.53	84.24	102.06
花生仁	Peanut kernel		100.06	130.21	91.55	108.81	101.62
油菜籽	Rapeseeds		101.02	107.87	99.44	97.36	95.94
活　猪	Hog	100.18	99.36	105.08	93.23	120.41	103.98
仔　猪	Piglet	101.48	97.30	95.25	85.63	132.43	128.63
猪　肉	Pork	101.63	99.63	105.32	93.63	118.38	102.69
牛　肉	Beef	101.18	101.26	103.55	104.83	100.57	99.47
羊　肉	Mutton	99.73	99.89	108.90	102.80	94.38	93.43
活　鸡	Live chicken		98.83	108.56	110.44	99.89	99.20
鸡　蛋	Eggs	102.32	102.86	111.71	116.33	86.55	92.57
草　鱼	Grass carp	100.14	99.93	106.45	97.75	94.83	101.12
鲤　鱼	Carp	98.10	100.48	111.00	104.37	101.54	97.61
鲢　鱼	Silver carp		100.87	105.49	97.94	99.54	99.17
带　鱼	Hairtail		99.72	119.04	105.18	100.64	105.45
大白菜	Chinese cabbage		94.54	110.92	84.64	110.42	107.34
黄　瓜	Cucumber		104.33	110.04	94.20	94.31	117.34
西红柿	Tomato		107.14	110.45	84.55	129.33	95.91
菜　椒	Green bell		109.03	112.13	69.42	115.51	110.70
四季豆	Kidney beans		105.87	118.92	98.03	103.86	105.51
红富士苹果	Hongfushi apple		98.97	115.62	114.75	96.19	91.88
香　蕉	Banana		109.42	113.20	144.44	65.57	118.81
橙　子	Orange		102.75	112.31	115.56	104.07	97.28

3-11 全国农产品集贸市场月度价格及走势(10月份)
Monthly RMF Prices of Agricultural Products in October

品 种	Categories	2000	2005	2010	2014	2015	2016
一、价格	Price						
(元/公斤)	(yuan/ kg)						
籼 稻	Long-grained nonglutinous rice	0.98	1.45	2.18	2.76	2.78	2.73
粳 稻	Round-grained rice	1.29	1.77	2.64	3.18	3.21	3.13
小 麦	Wheat	1.00	1.45	2.11	2.60	2.43	2.43
玉 米	Corn	0.90	1.29	2.10	2.52	2.21	1.94
大 豆	Soybeans	2.47	3.48	5.31	6.33	6.06	6.02
籼 米	Polished long-grained nonglutinous rice		2.47	3.60	4.82	4.87	4.90
粳 米	Polished round-grained rice		2.95	4.40	5.32	5.41	5.42
棉 花	Cotton (unginned cotton)	3.50	5.51	9.37	7.39	6.68	6.98
花生仁	Peanut kernel		6.53	10.37	11.98	12.79	12.98
油菜籽	Rapeseeds		2.57	4.21	5.31	5.14	4.93
活 猪	Hog	5.65	7.31	12.74	14.16	16.82	17.10
仔 猪	Piglet	7.44	10.55	16.49	22.03	28.80	36.43
猪 肉	Pork	10.16	12.72	20.47	23.23	26.87	27.50
牛 肉	Beef	12.77	17.49	33.43	61.43	61.54	61.35
羊 肉	Mutton	14.37	18.06	36.67	64.58	60.58	56.45
活 鸡	Live chicken		10.44	14.37	18.87	18.53	18.61
鸡 蛋	Eggs	5.09	6.66	9.13	11.71	9.57	9.27
草 鱼	Grass carp	7.31	9.29	13.16	15.87	14.99	15.29
鲤 鱼	Carp	7.65	8.47	11.45	13.35	13.57	13.29
鲢 鱼	Silver carp		7.35	9.33	10.85	10.72	10.69
带 鱼	Hairtail		10.52	15.85	23.22	23.35	24.72
大白菜	Chinese cabbage		1.27	2.17	2.31	2.34	2.66
黄 瓜	Cucumber		2.19	3.61	4.27	4.04	4.95
西红柿	Tomato		2.39	4.43	4.42	5.60	5.85
菜 椒	Green bell		2.50	4.20	4.71	5.03	5.85
四季豆	Kidney beans		2.78	5.18	6.28	6.43	7.45
红富士苹果	Hongfushi apple		3.56	6.82	10.03	9.53	8.91
香 蕉	Banana		3.48	4.59	7.53	4.95	5.69
橙 子	Orange		3.28	5.54	8.73	9.15	9.33

3-11 续表 continued

品 种	Categories	2000	2005	2010	2014	2015	2016
二、价格走势	Index						
(上年同期=100)	(the same period of preceding year=100)						
籼 稻	Long-grained nonglutinous rice	102.33	99.61	112.47	102.99	100.72	98.20
粳 稻	Round-grained rice	102.59	99.00	121.81	102.25	100.94	97.51
小 麦	Wheat	103.01	98.99	108.33	102.36	93.46	100.00
玉 米	Corn	99.92	97.87	115.44	105.44	87.70	87.78
大 豆	Soybeans	98.31	99.27	110.40	101.12	95.73	99.34
籼 米	Polished long-grained nonglutinous rice		99.90	112.44	102.77	101.04	100.62
粳 米	Polished round-grained rice		100.25	117.78	101.33	101.69	100.18
棉 花	Cotton (unginned cotton)	104.82	104.28	159.50	88.19	90.39	104.49
花 生 仁	Peanut kernel		99.16	129.48	93.74	106.76	101.49
油 菜 籽	Rapeseeds		100.94	108.47	98.52	96.80	95.91
活 猪	Hog	101.21	92.94	110.58	90.83	118.79	101.66
仔 猪	Piglet	98.65	86.80	98.67	85.89	130.73	126.49
猪 肉	Pork	101.83	96.10	108.84	92.85	115.67	102.34
牛 肉	Beef	99.66	100.25	103.94	104.01	100.18	99.69
羊 肉	Mutton	98.86	101.11	109.70	102.18	93.81	93.18
活 鸡	Live chicken		98.79	110.78	110.22	98.20	100.43
鸡 蛋	Eggs	96.16	95.71	112.79	119.00	81.73	96.87
草 鱼	Grass carp	99.52	98.95	107.97	98.27	94.45	102.00
鲤 鱼	Carp	98.79	98.59	111.96	103.17	101.65	97.94
鲢 鱼	Silver carp		99.06	106.61	97.92	98.80	99.72
带 鱼	Hairtail		98.98	120.10	103.57	100.56	105.87
大 白 菜	Chinese cabbage		90.14	137.17	87.17	101.30	113.68
黄 瓜	Cucumber		127.96	132.06	82.75	94.61	122.52
西 红 柿	Tomato		114.78	136.15	71.52	126.70	104.46
菜 椒	Green bell		112.72	122.33	76.84	106.79	116.30
四 季 豆	Kidney beans		108.47	135.53	86.98	102.39	115.86
红富士苹果	Hongfushi apple		93.94	121.92	114.63	95.01	93.49
香 蕉	Banana		99.44	113.08	147.07	65.74	114.95
橙 子	Orange		98.14	120.74	110.65	104.81	101.97

3-12 全国农产品集贸市场月度价格及走势(11月份)
Monthly RMF Prices of Agricultural Products in November

品　种	Categories	2000	2005	2010	2014	2015	2016
一、价格	Price						
(元/公斤)	(yuan/ kg)						
籼　稻	Long-grained nonglutinous rice	1.00	1.45	2.30	2.77	2.76	2.74
粳　稻	Round-grained rice	1.26	1.76	2.77	3.16	3.20	3.14
小　麦	Wheat	1.02	1.46	2.16	2.60	2.44	2.46
玉　米	Corn	0.92	1.26	2.12	2.46	2.19	1.95
大　豆	Soybeans	2.46	3.46	5.47	6.30	6.04	6.00
籼　米	Polished long-grained nonglutinous rice		2.46	3.72	4.84	4.87	4.89
粳　米	Polished round-grained rice		2.95	4.54	5.31	5.40	5.43
棉　花	Cotton (unginned cotton)	3.57	5.48	11.10	7.05	6.45	7.15
花生仁	Peanut kernel		6.53	10.75	12.25	12.68	12.97
油菜籽	Rapeseeds		2.58	4.41	5.35	5.12	4.95
活　猪	Hog	5.79	7.09	13.58	14.08	16.48	17.17
仔　猪	Piglet	7.56	9.57	16.97	21.31	28.26	36.07
猪　肉	Pork	10.35	12.27	21.77	22.99	26.08	27.31
牛　肉	Beef	12.62	17.54	34.12	61.75	61.66	61.50
羊　肉	Mutton	14.63	18.18	38.40	64.32	58.99	56.61
活　鸡	Live chicken		9.37	14.83	18.76	18.55	18.52
鸡　蛋	Eggs	5.09	6.34	9.68	11.50	9.66	9.22
草　鱼	Grass carp	7.25	9.12	13.31	15.78	14.82	15.12
鲤　鱼	Carp	7.50	8.30	11.58	13.29	13.44	13.19
鲢　鱼	Silver carp		7.21	9.60	10.78	10.66	10.68
带　鱼	Hairtail		10.48	15.99	23.24	23.55	24.84
大白菜	Chinese cabbage		1.04	1.99	2.00	2.16	2.60
黄　瓜	Cucumber		2.48	3.96	5.43	6.46	5.37
西红柿	Tomato		2.55	4.71	4.78	6.27	6.05
菜　椒	Green bell		3.03	4.53	5.18	5.93	6.54
四季豆	Kidney beans		3.02	5.60	7.55	8.33	8.14
红富士苹果	Hongfushi apple		3.56	7.18	10.04	9.43	8.70
香　蕉	Banana		3.46	4.63	6.90	4.86	5.25
橙　子	Orange		3.32	5.71	8.34	9.03	9.33

3-12 续表 continued

品 种 Categories		2000	2005	2010	2014	2015	2016
二、价格走势	Index						
(上年同期=100)	(the same period of preceding year=100)						
籼 稻	Long-grained nonglutinous rice	102.11	100.21	118.41	102.97	99.64	99.28
粳 稻	Round-grained rice	97.83	99.54	128.10	101.61	101.27	98.13
小 麦	Wheat	101.82	100.78	109.48	101.56	93.85	100.82
玉 米	Corn	102.64	97.91	117.27	104.24	89.02	89.04
大 豆	Soybeans	99.60	99.43	112.42	100.80	95.87	99.34
籼 米	Polished long-grained nonglutinous rice		99.63	116.01	102.98	100.62	100.41
粳 米	Polished round-grained rice		100.15	121.06	101.72	101.69	100.56
棉 花	Cotton (unginned cotton)	102.14	99.56	177.63	83.63	91.49	110.85
花生仁	Peanut kernel		100.01	124.49	97.07	103.51	102.29
油菜籽	Rapeseeds		100.63	112.26	98.71	95.70	96.68
活 猪	Hog	102.60	96.94	118.57	89.51	117.05	104.19
仔 猪	Piglet	101.57	90.73	103.92	84.63	132.61	127.64
猪 肉	Pork	101.86	96.51	115.88	91.85	113.44	104.72
牛 肉	Beef	98.82	100.28	105.04	103.83	99.85	99.74
羊 肉	Mutton	101.79	100.67	113.05	101.12	91.71	95.97
活 鸡	Live chicken		89.69	114.94	109.13	98.88	99.84
鸡 蛋	Eggs	100.04	95.20	121.93	118.43	84.00	95.45
草 鱼	Grass carp	99.14	98.20	109.57	99.12	93.92	102.02
鲤 鱼	Carp	98.11	97.99	113.96	103.18	101.13	98.14
鲢 鱼	Silver carp		98.16	109.72	97.91	98.89	100.19
带 鱼	Hairtail		99.55	119.99	103.66	101.33	105.48
大白菜	Chinese cabbage		81.73	133.17	92.59	108.00	120.37
黄 瓜	Cucumber		113.54	103.72	103.04	118.97	83.13
西红柿	Tomato		106.58	125.85	76.60	131.17	96.49
菜 椒	Green bell		121.24	114.43	80.31	114.48	110.29
四季豆	Kidney beans		108.62	115.88	99.21	110.33	97.72
红富士苹果	Hongfushi apple		100.07	131.17	116.20	93.92	92.26
香 蕉	Banana		99.28	121.92	136.36	70.43	108.02
橙 子	Orange		101.45	132.10	116.81	108.27	103.32

3-13 全国农产品集贸市场月度价格及走势(12月份)
Monthly RMF Prices of Agricultural Products in December

品　种	Categories	2000	2005	2010	2014	2015	2016
一、价格	Price						
(元/公斤)	(yuan/ kg)						
籼　稻	Long-grained nonglutinous rice	1.01	1.47	2.34	2.78	2.77	2.75
粳　稻	Round-grained rice	1.27	1.79	2.80	3.18	3.20	3.15
小　麦	Wheat	1.06	1.47	2.17	2.59	2.44	2.48
玉　米	Corn	0.97	1.26	2.10	2.45	2.19	1.92
大　豆	Soybeans	2.46	3.46	5.48	6.27	6.03	6.02
籼　米	Polished long-grained nonglutinous rice		2.48	3.77	4.84	4.86	4.90
粳　米	Polished round-grained rice		2.97	4.58	5.31	5.39	5.45
棉　花	Cotton (unginned cotton)	3.60	5.63	10.38	6.95	6.52	7.22
花生仁	Peanut kernel		6.51	10.86	12.65	12.63	12.97
油菜籽	Rapeseeds		2.61	4.58	5.37	5.14	5.02
活　猪	Hog	5.88	7.25	13.63	13.73	16.62	17.52
仔　猪	Piglet	7.56	9.42	16.72	20.49	28.43	36.91
猪　肉	Pork	10.21	12.34	21.86	22.58	26.15	27.64
牛　肉	Beef	12.74	17.77	34.50	62.08	61.60	61.75
羊　肉	Mutton	14.58	18.63	39.50	64.24	58.59	57.11
活　鸡	Live chicken		9.18	14.98	18.73	18.59	18.49
鸡　蛋	Eggs	5.10	6.21	9.77	11.23	9.70	9.02
草　鱼	Grass carp	7.28	9.16	13.33	15.67	14.73	15.14
鲤　鱼	Carp	7.56	8.28	11.58	13.37	13.40	13.09
鲢　鱼	Silver carp		7.16	9.61	10.81	10.63	10.66
带　鱼	Hairtail		10.48	16.29	23.34	23.72	25.12
大白菜	Chinese cabbage		1.11	1.71	2.00	2.10	2.58
黄　瓜	Cucumber		2.72	3.78	6.53	6.60	5.63
西红柿	Tomato		2.93	4.31	5.31	6.50	6.67
菜　椒	Green bell		3.32	4.23	6.25	6.53	7.13
四季豆	Kidney beans		3.49	5.40	8.71	9.09	9.34
红富士苹果	Hongfushi apple		3.65	7.43	10.31	9.48	8.73
香　蕉	Banana		3.42	4.85	6.66	4.82	5.04
橙　子	Orange		3.38	5.65	8.27	8.61	8.90

3-13 续表 continued

品 种	Categories	2000	2005	2010	2014	2015	2016
二、价格走势	Index						
(上年同期=100)	(the same period of preceding year=100)						
籼 稻	Long-grained nonglutinous rice	100.26	101.04	119.22	102.96	99.64	99.28
粳 稻	Round-grained rice	100.58	101.36	126.00	101.92	100.63	98.44
小 麦	Wheat	104.23	100.24	108.49	100.78	94.21	101.64
玉 米	Corn	104.55	100.04	113.42	103.81	89.39	87.67
大 豆	Soybeans	99.95	100.11	110.40	100.32	96.17	99.83
籼 米	Polished long-grained nonglutinous rice		100.59	116.14	102.54	100.41	100.82
粳 米	Polished round-grained rice		100.50	119.50	101.53	101.51	101.11
棉 花	Cotton (unginned cotton)	100.79	102.72	161.35	82.54	93.81	110.74
花生仁	Peanut kernel		99.67	117.51	101.44	99.84	102.69
油菜籽	Rapeseeds		100.96	112.51	99.26	95.72	97.67
活 猪	Hog	101.43	102.34	113.02	87.40	121.05	105.42
仔 猪	Piglet	100.04	98.40	102.39	82.85	138.75	129.83
猪 肉	Pork	98.65	100.54	112.32	90.10	115.81	105.70
牛 肉	Beef	100.98	101.32	104.76	102.49	99.23	100.24
羊 肉	Mutton	99.68	102.50	114.72	98.86	91.20	97.47
活 鸡	Live chicken		97.97	115.48	108.08	99.25	99.46
鸡 蛋	Eggs	100.21	97.88	122.16	114.01	86.38	92.99
草 鱼	Grass carp	100.34	100.41	109.35	98.24	94.00	102.78
鲤 鱼	Carp	100.82	99.82	112.95	103.08	100.22	97.69
鲢 鱼	Silver carp		99.32	109.65	97.92	98.33	100.28
带 鱼	Hairtail		100.03	119.57	103.41	101.63	105.90
大白菜	Chinese cabbage		106.91	113.22	99.01	105.00	122.86
黄 瓜	Cucumber		109.72	82.82	120.93	101.07	85.30
西红柿	Tomato		115.21	98.41	84.55	122.41	102.62
菜 椒	Green bell		109.69	89.05	87.90	104.48	109.19
四季豆	Kidney beans		115.51	97.97	100.58	104.36	102.75
红富士苹果	Hongfushi apple		102.54	135.36	117.96	91.95	92.09
香 蕉	Banana		98.95	132.73	124.25	72.37	104.56
橙 子	Orange		101.58	134.21	121.44	104.11	103.37

附录　全国农产品价格调查方案

Appendix　Programmes for the Survey of the Prices of Agricultural Products

农产品生产者价格调查与价格指数编报方案

1.调查目的

农产品生产者价格是指农产品生产者第一手（直接）出售其产品时实际获得的单位产品价格。开展农产品生产者价格调查是为了全面收集农产品生产者价格资料，客观反映全国农产品生产者价格水平和结构变动情况，满足农业与国民经济核算需要，为各级政府制定农业保护与农产品流通政策提供决策依据，向社会各界提供优质的农产品价格信息服务。

2.调查对象与调查方式

调查对象：抽选的农业生产经营单位。

调查方式：生产者价格调查采取抽样调查和重点调查相结合的调查方法。抽样调查将有农产品出售的农业生产经营单位列为调查对象，采取随机抽样的调查方法；对一些区域性比较强的农产品则采取在主产区主观选样的方法选择农业生产经营单位作为调查对象（调查对象的抽选办法详见《农产品生产者价格和主要农产品中间消耗调查网点抽选办法》）。

3.调查内容

农产品生产者价格调查的内容为被调查单位生产并出售的主要农产品，被调查单位在辅助调查员的指导下将在报告期出售的农产品的名称、出售数量、价格、金额及时记入农产品生产者价格调查台账（台账表式附后）。

《农产品参考目录》是在充分征求部门、地方意见的基础上，根据新的行业分类标准制定的，各地必须执行全国统一的分类标准和代码。

4.调查周期和数据上报

农产品生产者价格调查周期为季度，执行日历年度。

《农产品生产者价格基层表》由县调查队（统计局）审核上报省（区、市）调查总队。季报数据应包括农业生产经营单位在报告期出售的农产品的名称、产品代码、计量单位、出售数量、金额、价格以及相应的基期价格。

《农产品生产者价格指数》综合定期报表由各调查总队上报国家统计局农村司，时间为季（年）度最后月的25日前。

5.农产品生产者价格的汇总方法

（1）计算调查单位某种农产品的平均价格（加权算术平均法）

某调查单位在报告期某产品出售金额之和除以报告期该产品出售数量之和。基期和报告期价格的计算方法相同。公式为：

$$p^h=\frac{\sum_{i=1}^{n}p_iq_i}{\sum_{i=1}^{n}q_i}$$

式中：P^h 为调查单位农产品季度平均价格，P_i 为第 i 次出售价格，q_i 为第 i 次出售数量，n 为农产品出售次数。

（2） 计算某种农产品层级均价（简单平均法）

通过对不同调查单位某种农产品的季度平均价格进行简单平均得到该农产品层级均价。基期和报告期的计算方法相同。公式为：

$$P^x=\frac{\sum_{i=1}^{m}p_i^h}{m}$$

式中：P^x 为农产品层级平均价格，p_i^h 为第 i 个调查单位的季度平均价格，m为出售农产品的调查单位个数。

（3）计算某种农产品省级均价（几何平均法）

通过对不同调查县某种农产品的层级平均价格进行几何平均得到该农产品省级均价。基期和报告期的计算方法相同。公式为：

$$p^s=\sqrt[u]{\prod_{i=1}^{u}p_i^x}$$

式中：P^s 为农产品省级平均价格，p_i^x 为第 i 个层的季度平均价格，u 为出售农产品的调查层个数。

（4） 计算某种农产品全国均价（几何平均法）

通过对不同省份某种农产品的省级平均价格进行几何平均得到该农产品全国均价。基期和报告期的计算方法相同。公式为：

$$p^{qg}=\sqrt[v]{\prod_{i=1}^{v}p_j^s}$$

式中：P^{ag}为农产品全国平均价格，p_j^s为第 i 个省的季度平均价格，v为出售农产品的调查省个数。

6.农产品代表产品的确定

（1）代表产品选择的原则和要求

①农、林、牧、渔四大类、各中类以及 90%以上的小类均选有代表品，以使价格指数能较好地反映各类别价格变动情况。

②选择对国计民生影响大的产品，一般生产量和销售量大的产品对国计民生影响较大。

③选择稳定性强的产品，因为代表品一经确定，就要连续观察几年。

④选择具有发展前景的新产品作为代表品。

⑤具有地方特色的产品，虽然在全国比重不大，但具有地方特色，也应选为代表品。一些季节性强的产品从全年看比重不大，但在某些季节是当地的主要产品，也要考虑进来，以确保全年和各季度平均价格及指数的代表性。

代表品一般稳定五年。在五年期间，若产品结构调整较快，以致影响代表性时，可提前进行修订。

（2）国家代表产品的选择

编制农产品生产者价格指数是以代表产品（类别）的价格变动来反映全部农产品的价格变化趋势和变动幅度。确定科学、合理的代表品对于编制农产品生产者价格指数具有重要意义。如果代表产品过少，会造成代表品不足、价格指数不准确；代表品过多，工作量过大，造成不必要的浪费。根据上述原则，在充分征求部门和地方意见的基础上，国家统计局农村司制订了全国农产品生产者价格调查的代表类别和代表产品。即《农产品参考目录》中用“*”所列示的农、林、牧、渔 4 个大类、180 种代表品。上述代表产品代表的各类别销售额占当年全国农产品销售额的 70%以上，具有足够的代表性。

（3）地方代表产品的选择

各省、自治区、直辖市执行全国统一的分类标准和代码，并根据国家下发的《农产品参考目录》，结合本地实际确定代表产品，包括目录中没有但在当地比较重要的产品。对于各地自行增加的代表品要报农村司审定，取得统一编码。

7.农产品代表品权数的计算

权数是衡量每种产品重要性的指标。由于每种产品在农业经济中的地位和作用不同，其价格变动对全部农产品价格变动的影响也有所不同。所以在计算价格指数时，要科学、合理地确定权数。

（1）权数确定的原则和要求

①只计算代表类别和代表产品的权数（如国家只给农产品参考目录中带*号的类别和产品分配权数），其他产品不分配权数。

②采用 2008—2010 三年的资料平均计算权数，权数一般五年更换一次。在五年期间，若出现产品更新换代快，以致影响权数代表性的情况时，应及时进行合理修正。

③重点做好大类、中类权数和重要品种权数的审核。对生产量和销售量不大、资料又难以收集的商品，在计算其权数时，可先确定该商品所在类的类值，并确定该类别主要商品的权数，用分摊法将剩余的权数按其比例（重要程度的次序）分配给余下的商品。

④由于农产品生产与出售季节性比较强，为客观、准确地反映农业生产者价格变动趋势和变动幅度，要对季度、季度累计和全年分别计算权数。

（2）权数的种类与资料来源

①商品（销售）权数：用于计算农产品生产者价格指数。

农产品商品（销售）权数主要利用农产品销售额进行计算，各种代表产品的商品（销售）权数合计为 1000。权数资料来源于农村住户和农场的农产品出售金额资料，也可根据农村住户调查季报和账页资料进行加工整理，或利用农产品产量与商品率资料推算。

②产值权数：用于缩减农业发展速度。

各种代表产品的产值权数合计为 1000。产值权数资料取自农林牧渔业产值统计，或通过重点调查、部门资料进行推算。

8.农产品生产者价格指数计算方法与步骤

农产品生产者价格指数是反映一定时期内，农产品生产者出售的农产品价格水平变动趋势及幅度的相对数。

（1） 计算代表品本季价格指数

①代表品省级价格指数：通过对本省范围内不同调查县某农产品报告期均价与基期均价之比的几何平均得到，或者直接用该农产品省级报告期均价除以基期均价得到，两种方法可得到相同的结果。公式为：

$$I^s = \sqrt[w]{\prod_{i=1}^{w} \frac{p_{i1}^x}{p_{i0}^x}} = \sqrt[w]{\frac{\prod_{i=1}^{w} p_{i1}^x}{\prod_{i=1}^{w} p_{i0}^x}}$$

$$= \frac{\sqrt[w]{\prod_{i=1}^{w} p_{i1}^x}}{\prod_{i=1}^{w} p_{i=0}^x} = \frac{p_1^s}{p_0^s}$$

式中：I^s 为代表品省级价格指数，p_{i1}^x 为第 i 个调查县报告期价格，p_{i0}^x 为第 i 个调查县基期价格，p_1^x 为省级报告期价格，p_0^s 为省级基期价格。

②代表品全国个体指数：通过对某代表品的全部调查省的报告期均价与基期均价之比的几何平均得到，或者某代表品全国报告期均价除以基期均价得到，两种方法能够得到相同的结果。

$$I^{qg} = \sqrt[g]{\prod_{i=1}^{g} \frac{p_{i1}^s}{p_{i0}^s}} = \sqrt[g]{\frac{\prod_{i=1}^{g} p_{i1}^s}{\prod_{i=1}^{g} p_{i0}^s}}$$

$$= \frac{\sqrt[g]{\prod_{i=1}^{g} p_{i1}^s}}{\prod_{i=1}^{q} p_{i0}^s} = \frac{p_{i1}^s}{p_0^{qg}}$$

式中：I^{qg} 为代表品全国价格指数，p_{i1}^s 为第 i 个调查省报告期价格，p_{i0}^s 为第 i 个调查省基期价格，p_1^{qg} 为全国报告期价格，p_0^{qg} 为全国基期价格。

（2）计算代表品累计价格指数

①代表品省级累计价格指数：首先用省级单季价格的简单平均得到累计价格，基期和报告期的计算方法相同，公式为：

$$P^{s,l_j} = \frac{\sum_{i=1}^{m} p^{s,dj}}{m}$$

式中：P^{s,l_j} 为省级累计价格，$p^{s,dj}$ 为省级单季价格，m 为季度数。

然后，利用该代表品省级报告期累计价格除以基期累计价格，得到累计价格指数，公式为：

$$I^{s,l_j} = \frac{p_1^{s,l_j}}{p_0^{s,l_j}}$$

式中：$I^{s,lj}$ 为代表品省级累计价格指数，$p_1^{s,lj}$ 为省级报告期累计价格，$p_0^{s,lj}$ 为省级基期累计价格。

（3）计算小类价格指数

$$I = \frac{\sum I_i W_i}{\sum W_i}$$

式中：I 为该小类指数，I_i 为该小类下第 i 个代表品价格指数，W_i 为第 i 个代表品的产值权数或销售额权数。

（4）计算中类价格指数

$$I = \frac{\sum I_i W_i}{\sum W_i}$$

式中：I 为中类价格指数，I_i 为该中类下第 i 个小类价格指数，W_i 为第 i 个小类的产值权数或销售额权数。

（5）大类及总指数的计算，同中类价格指数计算方法。

（6）国家和省级价格指数计算方法一致。

9.农产品生产者价格调查有关问题说明

（1）农产品生产者价格是农业生产经营单位第一次出售其产品时所获得的价格，因此，所调查的代表品是由被调查单位生产且出售的农产品，外购再出售的农产品不作为调查内容。

（2）如果抽中的调查单位在调查时没有任何销售活动，该记录的各项观测值均为零，在季报时仍应保留该样本，同时上报空记录的个数，并说明情况。如确定该调查户或单位在半年内都不可能有销售活动，则应以样本附近或相似特征的调查对象替换。

（3）县队在数据录入、审核时，如果发现某调查单位某些代表产品报告期与基期价格变动幅度较大，应查询该调查单位出售的该代表品在品种、品质、销售条件等方面是否发生了改变，如果是由于上述非价格变动因素引起的，则应该剔除非价格变动因素，使报告期与基期代表品同质可比；如果新的产品已成为市场主流，则一般应调整基期价格。调整的方法可以相邻农户或地域的同质产品价格代替，如果缺乏相邻农户或地域的同质产品价格，也可以为空。

农产品集贸市场价格调查方案

1.调查目的

农产品集贸市场价格是指全国农产品主产区集贸市场主要农产品的成交价格。开展农产品集贸市场价格调查旨在收集农产品集贸市场价格资料，准确把握全国大宗农产品在主产区的价格走势，为提高我国农产品主产区的区域优势和市场竞争力服务。

2.调查内容

农产品集贸市场价格调查内容包括农牧渔业31种主要产品的集贸市场价格（调查品种见《农产品集贸市场价格（M405表）》）。

3.调查对象

农产品集贸市场价格调查的统计范围为全国选中的农产品主产县。

4.调查周期与数据上报

（1）农产品集贸市场价格调查周期为月报。

（2）采价时间为每月25日左右，即每月24-26日内任一工作日。

（3）数据上报时间：采价后及时发送到服务器，如发现填报错误可在二个工作日内修正重报。

5.采价办法

（1）各省（区、市）对调查品种要统一口径，不得随意变换。所有调查品种的采价范围都是指一般普通商品、中等规格。经过加工，带有品牌包装的商品不在调查之列；经过分拣后加入精美包装作为礼品出售的农产品也不在调查之内。

（2）对于固定采价集市上没有的品种（如稻谷、活猪和籽棉等），为了保证调查数据的完整性，可采取以下几种办法：①可到其他有出售的市场取得价格；②仅在调查日当天无出售的产品，可根据上一日的情况采价；③原粮和籽棉可用市场上的大米和皮棉按当地的折算比率取得或到大米和籽棉加工点取得；④活猪价格可到农户或屠宰场取得；⑤当地不生产、也不从外地调入的产品价格就空缺。

（3）对同一品种不同等级价格的采价不好把握时，可用交易量较大的三个以上摊位价格的简单平均价作为该产品的价格。对同一品种、同一摊位、同一等级成交价格不一致时，用交易量较大的成交价作为该摊位、该产品的价格。

（4）猪、牛、羊肉如市场上出售的是带骨肉，采价时需按当地比率折成去骨价。

（5）水产品：淡水鱼要求是采活鱼价格（规格为1-2公斤）；带鱼可采死鱼价（包括每条规格在0.5-1公斤重的冷冻带鱼段）。

（6）蔬菜：采新鲜蔬菜价格。

（7）水果：采新鲜水果价格。

6.填报说明

（1）产品代码与计量单位：产品代码按M405表规定填报；单价单位为元/公斤（如采价时为“元/斤”应换算为元/公斤）。

（2）价格数据保留两位小数。

（3）如部分产品缺项，单价项应空缺。

（4）严格数据审核。各调查总队要对数据进行严格审核把关，在上报三个工作日内发现问题，可反馈县调查队核实重新上报（不计入差错）。

（5）开展农产品市场价格专题分析，有关农副产品价格的重大信息与研究报告，及时报送文字材料。

（6）年度价格走势分析与调查数据质量评估报告随12月价格报表一同报送。

7.指标解释

（1）籼稻：水稻的一种，茎秆较高较软，叶子黄绿色，稻穗上的籽粒较稀，稻粒长而细。

（2）粳稻：水稻的一种，茎秆较矮，叶子较窄，深绿色，稻粒短而粗。

（3）玉米：一年生草本植物，茎高二、三米，叶子长而大，子实比黄豆稍大。

（4）籼米：籼稻碾出的米，黏性小。

（5）粳米：粳稻碾出的米，黏性较大。

（6）籽棉：是指棉农从棉枝上摘下的、未经轧花加工除籽的棉花。籽棉经过加工后去掉棉籽的棉花叫皮棉。籽棉加工成皮棉的比例一般是10：3，即10公斤籽棉可加工成3公斤皮棉。

（7）花生仁：去壳的生花生。

（8）活猪：待宰的肥猪（也称毛猪，一般在65公斤以上）。

（9）仔猪：待育肥的普通小猪（一般指刚断奶的猪）。

（10）草鱼：身体圆筒形，微绿色，生活在淡水中，吃水草。

（11）鲤鱼：身体侧扁，背部苍黑色，腹部黄白色，嘴边有须一对，淡水鱼。

（12）鲢鱼：身体侧扁，鳞细，背部青黑色，腹部白色，淡水鱼。

（13）菜椒：也称柿子椒。

（14）四季豆：部分地区也称扁豆。

（15）中等：产品规格栏的“中等”有两种含义。原粮的“中等”是指国家规定的中准级，其他品种的“中等”是指市场实际交易数量较多的质量等级。

农产品参考目录

产品代码	农产品类别与品名	生产者价格代表产品	计　量
1	农业产品	*	
101	谷物	*	
10101	稻谷	*	公斤
1010101	早籼稻	*	公斤
101010101	种用早籼稻		公斤
101010199	其他早籼稻	*	公斤
1010102	晚籼稻	*	公斤
101010201	种用晚籼稻		公斤
101010299	其他晚籼稻	*	公斤
1010103	中籼稻	*	公斤
101010301	种用中籼稻		公斤
101010399	其他中籼稻	*	公斤
1010104	粳稻	*	公斤
101010401	种用粳稻		公斤
101010499	其他粳稻	*	公斤
1010105	糯稻		公斤
101010501	种用糯稻		公斤
101010599	其他糯稻		公斤
1010199	其他稻谷		公斤
101019901	其他种用稻谷		公斤
101019999	其他未列明稻谷		公斤
10102	小麦	*	公斤
1010201	硬质小麦	*	公斤
101020101	种用硬质小麦		公斤
101020199	其他硬质小麦	*	公斤
1010202	软质小麦	*	公斤
101020201	种用软质小麦		公斤
101020299	其他软质小麦	*	公斤
1010299	其他小麦		公斤
101029901	其他种用小麦		公斤
101029999	其他未列明小麦		公斤
10103	玉米	*	公斤
1010301	白玉米	*	公斤
101030101	种用白玉米		公斤
101030199	其他白玉米	*	公斤
1010302	黄玉米	*	公斤
101030201	种用黄玉米		公斤
101030299	其他黄玉米	*	公斤
1010303	糯玉米		公斤
101030301	种用糯玉米		公斤
101030399	其他糯玉米		公斤
1010304	甜玉米		公斤
101030401	种用甜玉米		公斤
101030499	其他甜玉米		公斤
1010399	其他玉米		公斤
101039901	其他种用玉米		公斤
101039999	其他未列明玉米		公斤
10104	谷子		公斤
101040100	硬谷子		公斤
101040200	糯谷子		公斤
101049900	其他谷子		公斤

续表 1 continued 1

产品代码	农产品类别与品名	生产者价格代表产品	计 量
10105	高粱		公斤
1010501	红粒高粱		公斤
101050101	种用红粒高粱		公斤
101050199	其他红粒高粱		公斤
1010502	白粒高粱		公斤
101050201	种用白粒高粱		公斤
101050299	其他白粒高粱		公斤
1010503	糯高粱		公斤
101050301	种用糯高粱		公斤
101050399	其他糯高粱		公斤
1010599	其他高粱		公斤
101059901	其他种用高粱		公斤
101059999	其他未列明高粱		公斤
10106	大麦		公斤
1010601	裸大麦		公斤
101060101	种用裸大麦		公斤
101060199	其他裸大麦		公斤
1010602	皮大麦		公斤
101060201	种用皮大麦		公斤
101060299	其他皮大麦		公斤
10107	燕麦		公斤
101070100	裸燕麦		公斤
101070200	皮燕麦		公斤
101080000	黑麦		公斤
10109	荞麦		公斤
101090100	甜荞麦		公斤
101090200	苦荞麦		公斤
10199	其他谷物		公斤
1019901	糜子		公斤
101990101	硬糜子		公斤
101990102	糯糜子		公斤
101990200	紫米		公斤
101990300	薏苡		公斤
101999900	其他未列明谷物		公斤
102	薯类	*	公斤
10201	马铃薯	*	公斤
102010100	种用马铃薯		公斤
102019900	其他马铃薯	*	公斤
10202	木薯		公斤
102020100	鲜木薯		公斤
102020200	木薯干		公斤
102029900	其他木薯		公斤
10203	甘薯	*	公斤
102030100	种用甘薯		公斤
102030200	甘薯干		公斤
102039900	其他鲜甘薯	*	公斤
102990000	其他薯类		公斤
103	油料	*	公斤
10301	花生	*	公斤
1030101	带壳花生		公斤
103010101	种用带壳花生		公斤
103010199	其他带壳花生	*	公斤

续表 2 continued 2

产品代码	农产品类别与品名	生产者价格代表产品	计　量
103010200	花生仁		公斤
10302	油菜籽	*	公斤
1030201	双低油菜籽	*	公斤
103020101	种用双低油菜籽		公斤
103020199	其他双低油菜籽	*	公斤
1030299	其他油菜籽		公斤
103029901	其他种用油菜籽		公斤
103029999	其他未列明油菜籽		公斤
10303	葵花籽		公斤
1030301	油葵		公斤
103030101	种用油葵		公斤
103030199	其他油葵		公斤
1030302	食葵		公斤
103030201	种用食葵		公斤
103030299	其他食葵		公斤
10304	芝麻	*	公斤
1030401	白芝麻	*	公斤
103040101	种用白芝麻		公斤
103040199	其他白芝麻	*	公斤
1030402	黑芝麻	*	公斤
103040201	种用黑芝麻		公斤
103040299	其他黑芝麻	*	公斤
1030403	黄芝麻		公斤
103040301	种用黄芝麻		公斤
103040399	其他黄芝麻		公斤
10305	胡麻籽		公斤
103050100	种用胡麻籽		公斤
103059900	其他胡麻籽		公斤
10306	棉籽		公斤
103060100	种用棉籽		公斤
103069900	其他棉籽		公斤
10307	蓖麻籽		公斤
103070100	种用蓖麻籽		公斤
103079900	其他蓖麻籽		公斤
10308	芥子		公斤
103080100	种用芥子		公斤
103089900	其他芥子		公斤
10309	红花籽		公斤
103090100	种用红花籽		公斤
103099900	其他红花籽		公斤
10310	油棕果及油棕仁		公斤
103100100	种用油棕果及油棕仁		公斤
103109900	其他油棕果及油棕仁		公斤
103110000	罂粟子		公斤
103120000	油橄榄果		公斤
103130000	油茶籽(油料)		公斤
103990000	其他油料		公斤
104	豆类	*	公斤
10401	大豆	*	公斤
104010100	黄大豆	*	公斤
104010200	黑大豆		公斤
104010300	青大豆		公斤

续表 3 continued 3

产品代码	农产品类别与品名	生产者价格代表产品	计 量
104010400	褐红大豆		公斤
104010500	双青豆		公斤
104010600	青仁乌豆		公斤
104010700	小黑豆		公斤
104019900	其他大豆		公斤
10402	绿豆	*	公斤
1040201	明绿豆	*	公斤
104020101	种用明绿豆		公斤
104020199	其他明绿豆	*	公斤
1040202	毛绿豆	*	公斤
104020201	种用毛绿豆		公斤
104020299	其他毛绿豆	*	公斤
10403	小豆	*	公斤
104030100	红小豆	*	公斤
104030200	灰白小豆		公斤
104030300	狸小豆		公斤
104039900	其他小豆		公斤
10404	干豌豆		公斤
1040401	白豌豆		公斤
104040101	种用白豌豆		公斤
104040199	其他白豌豆		公斤
1040402	绿豌豆		公斤
104040201	种用绿豌豆		公斤
104040299	其他绿豌豆		公斤
1040403	麻豌豆		公斤
104040301	种用麻豌豆		公斤
104040399	其他麻豌豆		公斤
10405	小扁豆		公斤
104050100	大粒小扁豆		公斤
104050200	小粒小扁豆		公斤
10406	干蚕豆		公斤
104060100	种用干蚕豆		公斤
104069900	其他干蚕豆		公斤
10407	芸豆		公斤
104070100	种用芸豆		公斤
104079900	其他芸豆		公斤
10408	饭豆		公斤
104080100	种用饭豆		公斤
104089900	其他饭豆		公斤
10409	干豇豆		公斤
104090100	种用干豇豆		公斤
104099900	其他干豇豆		公斤
10410	鹰嘴豆		公斤
104100100	种用鹰嘴豆		公斤
104109900	其他鹰嘴豆		公斤
10499	其他杂豆		公斤
104990100	种用杂豆		公斤
104999900	其他未列明杂豆		公斤
105	棉花	*	公斤
105010000	籽棉	*	公斤
10502	皮棉		公斤
105020100	细绒棉皮棉		公斤

续表 4 continued 4

产品代码	农产品类别与品名	生产者价格代表产品	计　量
105020200	长绒棉皮棉		公斤
105990000	其他棉花		公斤
106	生麻	*	公斤
106010000	生亚麻	*	公斤
106020000	生苎麻	*	公斤
106030000	生黄红麻	*	公斤
106040000	生线麻		公斤
106050000	生茼麻		公斤
106060000	生大麻		公斤
106070000	生剑麻		公斤
106990000	其他生麻类纤维植物		公斤
107	糖料	*	公斤
107010000	甘蔗	*	公斤
107020000	甜菜	*	公斤
107990000	其他糖料		公斤
108	未加工烟草	*	公斤
108010000	未去梗烤烟叶	*	公斤
108020000	未去梗晒烟叶	*	公斤
108030000	未去梗晾烟叶		公斤
108040000	未去梗白肋烟		公斤
108990000	其他未加工烟草		公斤
109	饲料作物		公斤
109010000	苜蓿		公斤
109020000	青饲料		公斤
10903	饲料牧草		公斤
109030100	苜蓿干草		公斤
109030200	羊草		公斤
109030300	沙打旺		公斤
109039900	其他饲料牧草		公斤
109040000	饲料作物用种子		公斤
109990000	其他饲料作物		公斤
110	水生植物类		公斤
110010000	芦苇		公斤
110020000	席草		公斤
110030000	苇子		公斤
110040000	莲子		公斤
110050000	蒲草		公斤
110060000	茨菇		公斤
110990000	其他水生植物类		公斤
112	蔬菜及食用菌	*	公斤
11201	蔬菜	*	公斤
1120101	叶菜类蔬菜	*	公斤
112010101	芹菜	*	公斤
112010102	油菜	*	公斤
112010103	菠菜	*	公斤
112010104	苋菜		公斤
112010105	空心菜		公斤
112010106	香菜		公斤
112010107	茼蒿		公斤
112010108	小白菜		公斤
112010109	冬寒菜		公斤
112010110	木耳菜		公斤

续表 5 continued 5

产品代码	农产品类别与品名	生产者价格代表产品	计 量
112010111	茴香		公斤
112010199	其他叶菜类蔬菜		公斤
1120102	白菜类蔬菜	*	公斤
112010201	大白菜	*	公斤
112010202	普通白菜		公斤
112010203	乌榻菜		公斤
112010204	菜心(菜薹)		公斤
112010205	紫菜薹		公斤
1120103	芥菜类蔬菜		公斤
112010301	叶用芥菜		公斤
112010302	茎用芥菜		公斤
112010303	根用芥菜		公斤
1120104	甘蓝类蔬菜	*	公斤
112010401	结球甘蓝	*	公斤
112010402	菜花	*	公斤
112010403	花椰菜	*	公斤
112010404	青花菜		公斤
112010405	抱子甘蓝		公斤
112010406	球茎甘蓝		公斤
112010407	芥蓝		公斤
1120105	根茎类蔬菜	*	公斤
112010501	白萝卜	*	公斤
112010502	红萝卜	*	公斤
112010503	胡萝卜	*	公斤
112010504	水萝卜	*	公斤
112010505	生姜	*	公斤
112010506	榨菜头		公斤
112010507	芋头		公斤
112010508	百合		公斤
112010509	山药		公斤
112010510	牛蒡		公斤
112010511	魔芋		公斤
112010599	其他根茎类蔬菜		公斤
1120106	瓜菜类蔬菜	*	公斤
112010601	黄瓜	*	公斤
112010602	冬瓜	*	公斤
112010603	西葫芦		公斤
112010604	苦瓜		公斤
112010605	南瓜		公斤
112010606	佛手瓜		公斤
112010607	丝瓜		公斤
112010608	瓠瓜		公斤
112010699	其他瓜菜类蔬菜		公斤
1120107	豆类蔬菜	*	公斤
112010701	扁豆		公斤
112010702	荚豆		公斤
112010703	豇豆	*	公斤
112010704	豌豆		公斤
112010705	四季豆	*	公斤
112010706	毛豆		公斤
112010707	蚕豆		公斤
112010799	其他豆类蔬菜		公斤

续表 6 continued 6

产品代码	农产品类别与品名	生产者价格代表产品	计　量
1120108	茄果类蔬菜	*	公斤
112010801	茄子	*	公斤
112010802	青椒	*	公斤
112010803	辣椒	*	公斤
112010804	西红柿	*	公斤
112010899	其他茄果类蔬菜		公斤
1120109	莴苣及菊苣类蔬菜	*	公斤
112010901	生菜	*	公斤
112010902	结球莴苣(包心生菜)		公斤
112010903	莴笋	*	公斤
112010999	其他莴苣及菊苣类蔬菜		公斤
1120110	葱蒜类蔬菜	*	公斤
112011001	洋葱		公斤
112011002	大葱	*	公斤
112011003	细香葱		公斤
112011004	薤菜		公斤
112011005	大蒜	*	公斤
112011006	蒜苗		公斤
112011007	蒜苔	*	公斤
112011008	蒜头	*	公斤
112011009	韭菜		公斤
112011099	其他葱蒜类蔬菜		公斤
1120111	水生蔬菜	*	公斤
112011101	莲藕	*	公斤
112011102	荸荠		公斤
112011103	慈姑		公斤
112011104	莼菜		公斤
112011105	水芹		公斤
112011106	菱角		公斤
112011107	茭白	*	公斤
112011199	其他水生蔬菜		公斤
1120112	养植蔬菜		公斤
112011201	豌豆苗		公斤
112011202	豆芽菜		公斤
112011203	黄花		公斤
112011204	香椿		公斤
112011205	竹笋		公斤
112011206	芦笋		公斤
112011207	金针菜		公斤
112011208	黄秋葵		公斤
112011209	菊苣		公斤
112011299	其他养殖蔬菜		公斤
112011300	蔬菜籽		公斤
112019900	其他蔬菜		公斤
11202	食用菌	*	公斤
112020100	平菇	*	公斤
112020200	金针菇	*	公斤
112020300	双孢蘑菇		公斤
112020400	鸡腿菇		公斤
112020500	杏鲍菇		公斤
112020600	茶树菇		公斤
112020700	滑菇		公斤

续表 7 continued 7

产品代码	农产品类别与品名	生产者价格代表产品	计 量
112020800	草菇		公斤
112020900	猴头菌		公斤
112021000	香菇	*	公斤
112021100	竹荪		公斤
112021200	黑木耳	*	公斤
112021300	黄背木耳		公斤
112021400	白木耳	*	公斤
112021500	松茸		公斤
112021600	榛蘑		公斤
112021700	灰树花		公斤
112029900	其他食用菌		公斤
113	花卉	*	
11301	盆栽花	*	
113010100	孤挺花		盆
113010200	银莲花(鳞茎类)		盆
113010300	美人蕉	*	盆
113010400	窄叶小草		盆
113010500	铃兰		盆
113010600	藏红花		盆
113010700	仙客来		盆
113010800	大丽花		盆
113010900	独尾草		盆
113011000	小苍兰		盆
113011100	盆栽贝母		盆
113011200	雪花莲		盆
113011300	大岩桐		盆
113011400	风信子		盆
113011500	鸢尾		盆
113011600	观音兰		盆
113011700	水仙头		盆
113011800	水仙花	*	盆
113011900	虎眼万年青		盆
113012000	酢浆草		盆
113012100	晚香玉		盆
113012200	毛茛		盆
113012300	茜草		盆
113012400	老虎莲		盆
113012500	郁金香		盆
113012600	杜鹃		盆
113012700	盆栽菊花	*	盆
113012800	凤梨		盆
113012900	兰花		盆
113013000	一品红		盆
113013100	花烛属		盆
113013200	君子兰		盆
113013300	秋海棠		盆
113013400	伽兰菜		盆
113013500	新几内亚凤仙		盆
113013600	仙人掌及多浆植物		盆
113013700	花坛花卉		盆
113013800	木本盆花		盆
113019900	其他盆栽花		盆

续表 8 continued 8

产品代码	农产品类别与品名	生产者价格代表产品	计　量
11302	鲜切花及花蕾	*	
113020100	康乃馨	*	枝
113020200	满天星	*	枝
113020300	勿忘我	*	枝
113020400	玫瑰		枝
113020500	情人草		枝
113020600	紫罗兰		枝
113020700	月季		枝
113020800	香石竹		枝
113020900	唐菖蒲		枝
113021000	百合花	*	枝
113021100	非洲菊	*	枝
113021200	补血草		枝
113021300	马蹄莲		枝
113021400	火鹤		枝
113029900	其他鲜切花及花蕾		枝
114	盆景及园艺产品		
11401	园艺产品		
1140101	盆栽观叶植物		
114010101	龙血树		株
114010102	马拉巴栗		株
114010103	喜林芋		株
114010104	绿萝		株
114010105	变叶木		株
114010106	袖珍椰子		株
114010107	盆栽散尾葵		株
114010108	绿巨人		株
114010109	花叶万年青		株
114010110	竹芋		株
114010111	白鹤芋		株
114010112	花叶芋		株
114010113	亮丝草		株
114010199	其他盆栽观叶植物		株
114010200	草皮		平方米
114010300	草坪		平方米
114019900	其他园艺产品		
114990000	其他盆景及园艺产品		
116	水果及坚果	*	
11601	水果(园林水果)	*	公斤
1160101	苹果	*	公斤
116010101	红富士苹果	*	公斤
116010102	国光苹果	*	公斤
116010103	秦冠苹果	*	公斤
116010104	香蕉苹果		公斤
116010105	金冠苹果		公斤
116010106	元帅苹果		公斤
116010107	新红星苹果		公斤
116010199	其他苹果		公斤
1160102	梨	*	公斤
116010201	雪花梨	*	公斤
116010202	鸭梨	*	公斤
116010203	酥梨	*	公斤

续表 9 continued 9

产品代码	农产品类别与品名	生产者价格代表产品	计 量
116010204	香梨		公斤
116010205	苹果梨		公斤
116010206	黄冠梨		公斤
116010207	绿宝石梨		公斤
116010208	冬果梨		公斤
116010209	汞梨		公斤
116010210	黄花梨		公斤
116010299	其他梨		公斤
1160103	柑橘类水果	*	公斤
116010301	柑橘	*	公斤
116010302	橙	*	公斤
116010303	宽皮柑橘		公斤
116010304	柚类	*	公斤
116010305	金柑		公斤
116010399	其他柑橘类水果		公斤
1160104	葡萄	*	公斤
116010401	巨峰葡萄	*	公斤
116010402	玫瑰香葡萄		公斤
116010403	白葡萄		公斤
116010404	龙眼葡萄		公斤
116010405	木纳格葡萄		公斤
116010406	红提葡萄		公斤
116010407	酿造葡萄		公斤
116010499	其他葡萄		公斤
1160105	热带水果	*	公斤
116010501	香蕉	*	公斤
116010502	菠萝		公斤
116010503	龙眼		公斤
116010504	荔枝		公斤
116010505	枇杷		公斤
116010506	红毛丹		公斤
116010507	芒果		公斤
116010508	橄榄		公斤
116010509	无花果		公斤
116010510	鳄梨		公斤
116010511	番石榴		公斤
116010512	山竹果		公斤
116010513	杨桃		公斤
116010514	莲雾		公斤
116010515	火龙果		公斤
116010599	其他热带水果		公斤
1160106	瓜类水果	*	公斤
116010601	西瓜	*	公斤
116010602	哈密瓜	*	公斤
116010603	华莱士瓜		公斤
116010604	香瓜		公斤
116010605	伊利沙白瓜		公斤
116010606	金瓜		公斤
116010607	木瓜		公斤
116010699	其他瓜类水果		公斤
1160199	其他水果		公斤
116019901	樱桃		公斤

续表 10 continued 10

产品代码	农产品类别与品名	生产者价格代表产品	计　量
116019902	枣		公斤
116019903	红果		公斤
116019904	柿子		公斤
116019905	桃		公斤
116019906	李子		公斤
116019907	石榴		公斤
116019908	杏		公斤
116019909	杨梅		公斤
116019910	草莓		公斤
116019911	黑莓		公斤
116019912	桑椹		公斤
116019913	猕猴桃		公斤
116019914	沙棘		公斤
116019999	其他未列明水果		
11602	干制水果及水果籽		
1160201	干制水果		
116020101	葡萄干		公斤
116020102	杏干		公斤
116020103	梅干及李干		公斤
116020104	苹果干		公斤
116020105	龙眼干、肉		公斤
116020106	柿饼		公斤
116020107	干枣		公斤
116020108	椰子干		公斤
116020109	荔枝干		公斤
116020199	其他干制水果		公斤
1160202	水果籽		公斤
116020201	杏核		公斤
116020202	葡萄籽		公斤
116020299	其他水果籽		公斤
11603	食用坚果	*	公斤
1160301	椰子		公斤
116030101	种用椰子		公斤
116030199	其他椰子		公斤
116030200	腰果		公斤
116030300	核桃	*	公斤
116030400	山核桃		公斤
1160305	栗子	*	公斤
116030501	板栗	*	公斤
116030502	锥栗		公斤
116030503	丹东栗		公斤
116030599	其他栗子		公斤
116030600	松子		公斤
116030700	榛子		公斤
116030800	阿月浑子果(开心果)		公斤
116030900	槟榔		公斤
116031000	白果		公斤
116031100	香榧		公斤
116031200	巴旦杏		公斤
116031300	夏威夷果		公斤
116039900	其他食用坚果		公斤
117	茶及饮料原料	*	

续表 11 continued 11

产品代码	农产品类别与品名	生产者价格代表产品	计　量
11701	茶叶	*	公斤
117010100	红茶	*	公斤
117010200	绿茶	*	公斤
117010300	白茶		公斤
117010400	黄茶		公斤
1170105	清茶	*	公斤
117010501	铁观音		公斤
117010502	乌龙茶	*	公斤
117010599	其他清茶		公斤
1170106	黑茶		公斤
117010601	普洱茶		公斤
117010699	其他黑茶		公斤
1170107	再加工茶		公斤
117010701	银杏茶		公斤
117010799	其他再加工茶		公斤
117019900	其他茶叶		公斤
11799	其他饮料原料		公斤
117990100	可可豆		公斤
117990200	咖啡豆		公斤
117999900	其他未列明饮料原料		公斤
118	香料原料		公斤
11801	调味香料		公斤
118010100	花椒		公斤
118010200	胡椒		公斤
118010300	八椒		公斤
118010400	桂皮		公斤
118010500	桂花		公斤
118010600	丁香		公斤
118010700	豆蔻		公斤
118010800	小茴香		公斤
118010900	咖喱		公斤
118011000	枯茗子		公斤
118011100	蒿子		公斤
118011200	杜松果		公斤
118019900	其他调味香料		公斤
11802	香味料		公斤
118020100	香子兰		公斤
118020200	香茅草		公斤
118020300	薄荷油		公斤
118020400	留兰香		公斤
118020500	啤酒花		公斤
118020600	番红花		公斤
118020700	姜黄		公斤
118020800	麝香草		公斤
118020900	月桂叶		公斤
118029900	其他香味料		公斤
119	中草药材		公斤
119010000	甘草		公斤
119020000	人参	*	公斤
119030000	古柯叶		公斤
119040000	罂粟杆		公斤
119050000	当归		公斤

续表 12 continued 12

产品代码	农产品类别与品名	生产者价格代表产品	计　量
119060000	田七		公斤
119070000	党参		公斤
119080000	黄连		公斤
119090000	菊花	*	公斤
119100000	冬虫夏草		公斤
119110000	贝母		公斤
119120000	川芎		公斤
119130000	半夏		公斤
119140000	白芍		公斤
119150000	天麻		公斤
119160000	黄芪		公斤
119170000	大黄、籽黄		公斤
119180000	白术		公斤
119190000	地黄		公斤
119200000	槐米		公斤
119210000	杜仲		公斤
119220000	茯苓		公斤
119230000	枸杞	*	公斤
119240000	大海子		公斤
119250000	沉香		公斤
119260000	沙参		公斤
119270000	青蒿		公斤
119280000	鱼藤根		公斤
119290000	除虫菊		公斤
119300000	灵芝		公斤
119310000	五味子		公斤
119320000	刺五加		公斤
119330000	生地		公斤
119340000	麦冬		公斤
119350000	云木香		公斤
119360000	白芷		公斤
119370000	元胡	*	公斤
119380000	山茱萸		公斤
119390000	莲翘		公斤
119400000	辛荑		公斤
119410000	厚朴		公斤
119420000	黄芩		公斤
119430000	葛根		公斤
119440000	柴胡		公斤
119450000	麻黄		公斤
119460000	列当		公斤
119470000	肉苁蓉		公斤
119480000	锁阳		公斤
119490000	罗布麻		公斤
119990000	其他中草药材		公斤
2	林业产品		
201	育种和育苗		
20103	苗木类		株
2010301	针叶乔木苗类		株
201030101	杉树树苗		株
201030102	柏树树苗		株
201030103	松树树苗		株

续表 13 continued 13

产品代码	农产品类别与品名	生产者价格代表产品	计 量
201030104	银杏树苗		株
201030199	其他针叶乔木树苗		株
2010302	阔叶乔木苗类		株
201030201	槭树类树苗		株
201030202	枫树类树苗		株
201030203	冬青树类树苗		株
201030204	桦树类树苗		株
201030205	木棉树类树苗		株
201030206	榛树类树苗		株
201030207	杨树类树苗		株
201030208	柳树类树苗		株
201030209	樟树类树苗		株
201030210	楠木类树苗		株
201030211	榆树类树苗		株
201030212	桂花树苗		株
201030213	相思类树苗		株
201030214	壳斗科类树苗		株
201030299	其他阔叶乔木树苗		株
2010303	果树苗		株
201030301	苹果树苗		株
201030302	梨树苗		株
201030303	葡萄树苗		株
201030304	柑橘树苗		株
201030305	桃树苗		株
201030399	其他果树苗		株
2010304	竹苗		株
201030401	毛竹苗		株
201030402	撑蒿竹苗		株
201030403	水竹苗		株
201030404	淡竹苗		株
201030405	慈竹苗		株
201030406	红壳竹苗		株
201030407	绿竹苗		株
201030499	其他竹苗		株
2010305	灌木树苗		株
201030501	蕃荔枝类灌木树苗		株
201030502	夹竹桃类灌木树苗		株
201030503	冬青类灌木树苗		株
201030504	小檗类灌木树苗		株
201030505	桦木及杨树类灌木树苗		株
201030599	其他灌木树苗	*	株
202	木材采伐产品	*	
20201	原木	*	立方米
2020101	针叶原木	*	立方米
202010101	红松原木		立方米
202010102	樟子松原木		立方米
202010103	白松(云杉和冷杉)原木		立方米
202010104	辐射松原木		立方米
202010105	落叶松原木	*	立方米
202010106	马尾松原木	*	立方米
202010107	云南松原木		立方米
202010108	杉木原条		立方米

续表 14 continued 14

产品代码	农产品类别与品名	生产者价格代表产品	计　量
202010199	其他针叶原木	*	立方米
2020102	非针叶原木	*	立方米
202010201	栎木(橡木)原木	*	立方米
202010202	山毛榉木原木		立方米
202010203	楠木原木		立方米
202010204	樟木原木		立方米
202010205	泡桐木原木		立方米
202010206	杨树原木		立方米
202010207	水曲柳原木		立方米
202010208	胡桃楸原木		立方米
202010209	柞木原木		立方米
202010210	桦木原木		立方米
202010211	榆木原木		立方米
202010212	柳木原木		立方米
202010213	椴木原木		立方米
202010214	桉树原木		立方米
202010299	其他非针叶原木		立方米
20202	小规格木材		立方米
202020100	针叶木小规格木材		立方米
202029900	其他木小规格木材		立方米
202030000	薪材		立方米
202040000	短条及细枝等	*	立方米
203	竹材采伐产品	*	
20301	竹材	*	吨
203010100	毛竹	*	吨
203010200	撑蒿竹		吨
203010300	水竹		吨
203010400	淡竹		吨
203010500	慈竹		吨
203010600	红壳竹		吨
203019900	其他竹材		吨
203990000	其他竹材采伐产品	*	吨
204	林产品	*	
20401	天然橡胶	*	公斤
204010100	天然橡胶乳		公斤
204010200	烟胶片		公斤
204010300	胶清片		公斤
204010400	白皱片		公斤
204010500	褐胶片		公斤
204010600	标准胶片		公斤
204019900	其他天然橡胶	*	公斤
20402	天然树脂、树胶	*	公斤
204020100	天然生漆	*	公斤
204020200	天然松脂		公斤
204020300	虫胶		公斤
204020400	桃胶		公斤
204020500	冷杉胶		公斤
204029900	其他天然树脂、树胶		公斤
20403	栲胶原料		公斤
204030100	落叶松树皮		公斤
204030200	杨梅树皮		公斤
204030300	油柑树皮		公斤

续表 15 continued 15

产品代码	农产品类别与品名	生产者价格代表产品	计　量
204030400	槲树皮		公斤
204030500	木麻黄树皮		公斤
204030600	黑荆树皮		公斤
204030700	橡碗		公斤
204030800	化香果		公斤
204039900	其他栲胶原料		公斤
20404	非直接食用果类	*	公斤
204040100	油桐籽	*	公斤
204040300	沙棘果		公斤
204040400	油棕果		公斤
204040500	乌桕子		公斤
204040600	油橄榄		公斤
204040700	文冠果		公斤
204040800	山苍籽		公斤
204040900	黑椋子		公斤
204041000	麻风树果(小桐子)		公斤
204041100	黄连木果		公斤
204041200	光皮梾(光皮树)果		公斤
204049900	其他非直接食用果类		公斤
20405	编结用原料		公斤
204050100	藤条		公斤
204050200	柳条		公斤
204050300	柠条		公斤
204050400	荆条		公斤
204050500	桑条		公斤
204050600	灯心草		公斤
204050700	菖蒲		公斤
204050800	葵叶		公斤
204059900	其他编织用原料		公斤
20406	染色、鞣革用植物原料		公斤
204060100	五倍子		公斤
204060200	地衣		公斤
204060300	蓝靛		公斤
204060400	薯莨		公斤
204069900	其他染色、鞣革用植物原料		公斤
20407	野生植物活体		公斤
204070100	野生乔木		公斤
204070200	野生灌木		公斤
204070300	野生藤木		公斤
204070400	野生菌类		公斤
204079900	其他野生植物活体		公斤
20408	野生植物采集产品		公斤
204080100	野生植物根		公斤
204080200	野生植物茎		公斤
204080300	野生植物叶		公斤
204080400	野生植物花		公斤
204080500	野生植物果实		公斤
204089900	其他野生植物采集产品		公斤
20499	其他林产品		公斤
204990100	未加工天然软木		公斤
204990200	棕片		公斤
204990300	竹笋干		公斤

续表 16 continued 16

产品代码	农产品类别与品名	生产者价格代表产品	计　量
204990400	黄柏柏		公斤
204990500	山苍子		公斤
204990600	桉树叶		公斤
3	饲养动物及其产品	*	
301	活牲畜	*	
30101	猪	*	公斤
301010100	种猪		公斤
301010200	仔猪		公斤
301010300	中猪		公斤
301010400	能繁殖母猪		公斤
301019900	其他活猪	*	公斤
30102	牛	*	公斤
301020100	种牛		公斤
301020200	黄牛	*	公斤
301020300	水牛	*	公斤
301020400	奶牛		公斤
301020500	牦牛		公斤
301020600	牛犊		公斤
301020700	能繁殖母牛		公斤
301029900	其他活牛		公斤
30103	马		公斤
301030100	种马		公斤
301030200	马驹		公斤
301039900	其他活马		公斤
30104	驴		公斤
301040100	种驴		公斤
301049900	其他驴		公斤
301050000	骡		公斤
30106	羊	*	公斤
3010601	绵羊	*	公斤
301060101	细毛羊	*	公斤
301060102	半细毛羊	*	公斤
301060103	种绵羊		公斤
301060104	能繁殖母绵羊		公斤
301060199	其他绵羊		公斤
3010602	山羊	*	公斤
301060201	种山羊		公斤
301060202	奶山羊		公斤
301060203	种绒山羊		公斤
301060204	绒山羊	*	公斤
301060205	能繁殖母山羊		公斤
301060299	其他山羊		公斤
301060300	能繁殖母羊		公斤
301060400	羔羊		公斤
301070000	骆驼		公斤
301990000	其他活牲畜		公斤
302	活家禽	*	公斤
30201	活鸡	*	公斤
3020101	蛋鸡		公斤
302010101	种蛋鸡		公斤
302010199	其他蛋鸡		公斤
3020102	雏鸡		公斤

续表 17 continued 17

产品代码	农产品类别与品名	生产者价格代表产品	计 量
302010201	种雏鸡		公斤
302010299	其他雏鸡		公斤
3020103	肉鸡	*	公斤
302010301	种肉鸡		公斤
302010399	其他肉鸡	*	公斤
3020199	其他活鸡		公斤
302019901	其他种用活鸡		公斤
302019999	其他未列明活鸡		公斤
30202	活鸭	*	公斤
3020201	雏鸭		公斤
302020101	种用雏鸭		公斤
302020199	其他雏鸭		公斤
3020202	成鸭	*	公斤
302020201	种用成鸭		公斤
302020299	其他成鸭	*	公斤
30203	活鹅	*	公斤
3020301	雏鹅		公斤
302030101	种用雏鹅		公斤
302030199	其他雏鹅		公斤
3020302	成鹅	*	公斤
302030201	种用成鹅		公斤
302030299	其他成鹅	*	公斤
30204	活火鸡		公斤
3020401	雏火鸡		公斤
302040101	种用火鸡		公斤
302040199	其他火鸡		公斤
3020402	成火鸡		公斤
302040201	种用成火鸡		公斤
302040299	其他成火鸡		公斤
30205	活珍珠鸡		公斤
3020501	雏珍珠鸡		公斤
302050101	种用雏珍珠鸡		公斤
302050199	其他雏珍珠鸡		公斤
3020502	成珍珠鸡		公斤
302050201	种用成珍珠鸡		公斤
302050299	其他成珍珠鸡		公斤
30299	其他活家禽		公斤
302990100	鸽子		公斤
302990200	鸵鸟		公斤
302990300	野鸭		公斤
302990400	鹌鹑		公斤
302999900	其他未列明活家禽		公斤
303	畜禽产品	*	公斤
30301	生奶	*	公斤
303010100	生牛奶	*	公斤
303010200	生羊奶		公斤
303010300	生马奶		公斤
303019900	其他生奶		公斤
30302	禽蛋	*	公斤
3030201	鸡蛋	*	公斤
303020101	种用鸡蛋		公斤
303020199	其他鲜鸡蛋	*	公斤

续表 18 continued 18

产品代码	农产品类别与品名	生产者价格代表产品	计 量
3030202	鸭蛋	*	公斤
303020201	种用鸭蛋		公斤
303020299	其他鲜鸭蛋	*	公斤
3030203	鹅蛋	*	公斤
303020301	种用鹅蛋		公斤
303020399	其他鲜鹅蛋	*	公斤
3030204	鹌鹑蛋		公斤
303020401	种用鹌鹑蛋		公斤
303020499	其他鲜鹌鹑蛋		公斤
303029900	其他禽蛋		公斤
30303	天然蜂蜜及副产品		公斤
303030100	天然蜂蜜		公斤
303030200	蜂蜡		公斤
303030300	鲜蜂王浆		公斤
303039900	其他天然蜂蜜及副产品		公斤
30304	蚕茧		公斤
303040100	桑蚕茧		公斤
303040200	柞蚕茧		公斤
303040300	蓖麻蚕茧		公斤
303049900	其他蚕茧		公斤
30305	动物毛类	*	公斤
3030501	绵羊毛	*	公斤
303050101	细羊毛	*	公斤
303050102	半细羊毛	*	公斤
303050103	剪羊毛		公斤
303050199	其他绵羊毛		公斤
3030502	山羊毛	*	公斤
303050201	山羊粗毛	*	公斤
303050202	山羊绒	*	公斤
3030503	牦牛毛		公斤
303050301	粗牦牛毛		公斤
303050302	牦牛绒		公斤
303050400	兔毛	*	公斤
3030505	骆驼毛		公斤
303050501	骆驼粗毛		公斤
303050502	骆驼绒		公斤
3030506	马毛		公斤
303050601	马鬃		公斤
303050602	马尾		公斤
303050699	其他马毛		公斤
303059900	其他动物毛类		
30306	生皮		张
3030601	整张生牛皮		张
303060101	整张黄牛生皮		张
303060102	整张水牛生皮		张
303060199	其他整张牛生皮		张
3030602	整张绵羊生皮		张
303060201	整张带毛绵羊生皮		张
303060202	整张不带毛绵羊生皮		张
3030603	整张山羊生皮		张
303060301	整张山羊板皮		张
303060399	其他整张山羊生皮		张

续表 19 continued 19

产品代码	农产品类别与品名	生产者价格代表产品	计 量
303060400	整张生猪皮		张
303060500	整张生马皮		张
303060600	整张爬行动物皮		张
303069900	其他生皮		张
30307	生毛皮		张
303070100	整张羔羊生毛皮		张
303070200	整张水貂生毛皮		张
303070300	整张狐生毛皮		张
303070400	整张兔生毛皮		张
303079900	其他生毛皮		张
30308	制刷用兽毛		公斤
303080100	猪鬃		公斤
303080200	制刷用山羊毛		公斤
303089900	其他制刷用兽毛		公斤
30399	其他畜禽产品		公斤
303990100	麝香		公斤
303990200	鹿茸		公斤
303990300	燕窝		公斤
303990400	龟蛋		公斤
303999900	其他未列明畜禽产品		
399	其他饲养动物		
39901	爬行动物		公斤
399010100	食用爬行动物		公斤
399019900	其他爬行动物		公斤
39902	蛙类动物		公斤
399020100	改良种用蛙苗		公斤
399029900	其他食用蛙类动物		公斤
39903	家兔		公斤
399030100	种用家兔		公斤
3990302	非种用家兔		公斤
399030201	毛兔		公斤
399030202	皮兔		公斤
399030203	肉兔		公斤
39904	鹦形目鸟		公斤
399040100	改良种用鹦形目鸟		公斤
399040200	非种用鹦形目鸟		公斤
399050000	蜂		公斤
399060000	蚕		公斤
399070000	驯鹿		公斤
399080000	梅花鹿		公斤
399090000	狐		公斤
399100000	貂		公斤
399110000	麝		公斤
399990000	其他未列明饲养动物		
4	渔业产品	*	
401	海水养殖产品	*	公斤
40101	海水养殖鱼	*	公斤
401010100	海水养殖观赏鱼		公斤
401010200	海水养殖鲈鱼	*	公斤
401010300	海水养殖石斑鱼	*	公斤
401010400	海水养殖美国红鱼		公斤
401010500	海水养殖鲆鱼		公斤

续表 20 continued 20

产品代码	农产品类别与品名	生产者价格代表产品	计　量
401010600	海水养殖大黄鱼	*	公斤
401010700	海水养殖军曹鱼		公斤
401010800	海水养殖鰤鱼		公斤
401010900	海水养殖鲷鱼		公斤
401011000	海水养殖河鲀		公斤
401011100	海水养殖鲽鱼		公斤
401019900	其他海水养殖活鱼		公斤
40102	海水养殖虾	*	公斤
401020100	海水养殖中国对虾	*	公斤
401020200	海水养殖南美白对虾		公斤
401020300	海水养殖斑节对虾		公斤
401020400	海水养殖日本对虾		公斤
401020500	海水养殖龙虾		公斤
401029900	其他海水养殖海虾		公斤
40103	海水养殖蟹	*	公斤
401030100	海水养殖梭子蟹	*	公斤
401030200	海水养殖青蟹		公斤
401039900	其他海水养殖蟹		公斤
40104	海水养殖贝类	*	公斤
401040100	海水养殖牡蛎	*	公斤
401040200	海水养殖扇贝	*	公斤
401040300	海水养殖贻贝		公斤
401040400	海水养殖江珧		公斤
401040500	海水养殖鲍		公斤
401040600	海水养殖螺		公斤
401040700	海水养殖蚶		公斤
401040800	海水养殖蛤		公斤
401040900	海水养殖蛏		公斤
401049900	其他海水养殖贝类		公斤
40105	海水养殖藻类	*	公斤
401050100	海水养殖海带	*	公斤
401050200	海水养殖紫菜	*	公斤
401050300	海水养殖裙带菜		公斤
401050400	海水养殖江蓠		公斤
401050500	海水养殖麒麟菜		公斤
401050600	海水养殖石花菜		公斤
401050700	海水养殖羊栖菜		公斤
401050800	海水养殖苔菜		公斤
401059900	其他海水养殖藻类		公斤
40199	其他海水养殖产品		公斤
401990100	海水养殖海参		公斤
401990200	海水养殖海胆		公斤
401990300	海水养殖珍珠		公斤
401990400	海水养殖海蜇		公斤
401999900	其他未列明海水养殖产品		公斤
402	海水养殖产品种苗		尾
40201	海水养殖鱼苗		尾
402010100	海水养殖军曹鱼苗		尾
402010200	海水养殖鰤鱼苗		尾
402010300	海水养殖鲷鱼苗		尾
402010400	海水养殖大黄鱼苗		尾
402010500	海水养殖鲆鱼苗		尾

续表 21 continued 21

产品代码	农产品类别与品名	生产者价格代表产品	计 量
402010600	海水养殖鲽鱼苗		尾
402010700	海水养殖鳎鱼苗		尾
402010800	海水养殖鲀鱼苗		尾
402019900	其他海水养殖鱼苗		尾
40202	海水养殖虾种苗		尾
402020100	海水养殖对虾种苗		尾
402020200	海水养殖中国对虾种苗		尾
402020300	海水养殖南美白对虾种苗		尾
402020400	海水养殖斑节对虾种苗		尾
402020500	海水养殖日本对虾种苗		尾
402020600	海水养殖龙虾种苗		尾
402029900	其他海水养殖海虾种苗		尾
40203	海水养殖蟹苗		尾
402030100	海水养殖梭子蟹苗		尾
402030200	海水养殖青蟹苗		尾
402039900	其他海水养殖蟹苗		尾
40204	海水养殖贝类种苗		尾
402040100	海水养殖牡蛎种苗		尾
402040200	海水养殖扇贝种苗		尾
402040300	海水养殖贻贝种苗		尾
402040400	海水养殖江珧种苗		尾
402040500	海水养殖鲍种苗		尾
402040600	海水养殖螺种苗		尾
402040700	海水养殖蚶种苗		尾
402040800	海水养殖蛤种苗		尾
402040900	海水养殖蛏种苗		尾
402049900	其他海水养殖贝类种苗		尾
40205	海水养殖藻类育苗		尾
402050100	海水养殖海带苗		尾
402050200	海水养殖紫菜苗		尾
402050300	海水养殖裙带菜苗		尾
402050400	海水养殖江蓠苗		尾
402050500	海水养殖麒麟菜苗		尾
402050600	海水养殖石花菜苗		尾
402050700	海水养殖羊栖菜苗		尾
402050800	海水养殖苔菜苗		尾
402059900	其他海水养殖藻类育苗		尾
40299	其他海水养殖产品种苗		尾
402990100	海水养殖海参苗		尾
402990200	海水养殖海胆苗		尾
402990300	海水养殖珍珠蚌		尾
402990400	海水养殖海蜇苗		尾
402999900	其他未列明海水养殖产品种苗		尾
403	海水捕捞产品	*	公斤
40301	海水捕捞鲜鱼	*	公斤
403010100	大黄鱼	*	公斤
403010200	小黄鱼	*	公斤
403010300	带鱼	*	公斤
403010400	鳓鱼		公斤
4030105	比目鱼		公斤
403010501	鲽鱼		公斤
403010502	鳎鱼		公斤

续表 22 continued 22

产品代码	农产品类别与品名	生产者价格代表产品	计 量
403010503	鲆鱼		公斤
4030106	金枪鱼		公斤
403010601	长鳍金枪鱼		公斤
403010602	黄鳍金枪鱼		公斤
403010603	鲣鱼		公斤
403010604	大眼金枪鱼		公斤
403010605	蓝鳍金枪鱼		公斤
403010699	其他金枪鱼		公斤
4030107	鳕鱼		公斤
403010701	黑线鳕鱼		公斤
403010799	其他鳕鱼		公斤
403010800	沙丁鱼		公斤
403010900	鲑鱼(海水)		公斤
403011000	大马哈鱼		公斤
403011100	角鲨,相关鲨鱼		公斤
403011200	海鳗		公斤
403011300	鳀鱼		公斤
4030114	鲳鱼		公斤
403011401	绿青鲳鱼		公斤
403011499	其他鲳鱼		公斤
403011500	鲱鱼		公斤
403011600	石斑鱼		公斤
403011700	蓝圆鲹		公斤
403011800	白姑鱼		公斤
403011900	黄姑鱼		公斤
403012000	梅童鱼		公斤
403012100	方头鱼		公斤
403012200	玉筋鱼		公斤
403012300	梭鱼		公斤
403012400	鲻鱼		公斤
403012500	鲐鱼		公斤
403012600	鲅鱼		公斤
403012700	马面鲀		公斤
403012800	竹荚鱼		公斤
403019900	其他海水捕捞鲜鱼		公斤
40302	海水捕捞虾	*	公斤
403020100	龙虾	*	公斤
403020200	斑节对虾	*	公斤
403020300	中国对虾	*	公斤
403020400	日本对虾		公斤
403020500	毛虾		公斤
403020600	虾蛄		公斤
403020700	鹰爪虾		公斤
403029900	其他海水捕捞虾		公斤
40303	海水捕捞蟹	*	公斤
403030100	梭子蟹	*	公斤
403030200	青蟹	*	公斤
403039900	其他海水捕捞蟹		公斤
40304	海水捕捞贝类	*	公斤
403040100	贻贝	*	公斤
403040200	蛤	*	公斤
403040300	蚶		公斤

续表 23 continued 23

产品代码	农产品类别与品名	生产者价格代表产品	计 量
403049900	其他海水捕捞贝类		公斤
40305	海水捕捞软体水生动物	*	公斤
403050100	墨鱼	*	公斤
403050200	鱿鱼	*	公斤
403050300	沙蚕		公斤
403059900	其他海水捕捞软体水生动物		公斤
403990000	其他海水捕捞产品		公斤
404	淡水养殖产品	*	公斤
40401	养殖淡水鱼	*	公斤
4040101	养殖淡水观赏鱼		公斤
404010101	金鱼		公斤
404010199	其他养殖淡水观赏鱼		公斤
404010200	养殖淡水鳟鱼	*	公斤
404010300	养殖淡水鳗鲡		公斤
404010400	养殖淡水鲤鱼	*	公斤
404010500	养殖淡水草鱼	*	公斤
404010600	养殖淡水鳙鱼(胖头鱼)		公斤
404010700	养殖淡水鲟鱼		公斤
404010800	养殖淡水罗非鱼		公斤
404010900	养殖淡水河鲀		公斤
404011000	养殖淡水青鱼		公斤
404011100	养殖淡水鲢鱼	*	公斤
404011200	养殖淡水鲫鱼		公斤
404011300	养殖淡水鳊鲂		公斤
404011400	养殖淡水鲶鱼		公斤
404011500	养殖淡水鮰鱼		公斤
404011600	养殖淡水黄颡鱼		公斤
404011700	养殖淡水鲑鱼		公斤
404011800	养殖淡水池沼公鱼		公斤
404011900	养殖淡水银鱼		公斤
404012000	养殖淡水短盖巨脂鲤		公斤
404012100	养殖淡水长吻鮠		公斤
404012200	养殖淡水黄鳝		公斤
404012300	养殖淡水鳜鱼		公斤
404012400	养殖淡水鲈鱼		公斤
404012500	养殖淡水乌鳢		公斤
404012600	养殖淡水泥鳅		公斤
404019900	其他养殖淡水鱼		公斤
40402	淡水养殖虾	*	公斤
404020100	淡水养殖罗氏沼虾	*	公斤
404020200	淡水养殖青虾	*	公斤
404020300	淡水养殖克氏原螯虾		公斤
404020400	淡水养殖南美白对虾		公斤
404029900	其他淡水养殖虾		公斤
40403	淡水养殖蟹	*	公斤
404030100	淡水养殖活河蟹	*	公斤
404039900	其他淡水养殖蟹		公斤
40404	淡水养殖贝类	*	公斤
404040100	淡水养殖河蚌	*	公斤
404040200	淡水养殖螺		公斤
404040300	淡水养殖蚬		公斤

续表 24 continued 24

产品代码	农产品类别与品名	生产者价格代表产品	计　量
404049900	其他淡水养殖贝类		公斤
404050000	淡水养殖螺旋藻		公斤
40499	其他淡水养殖产品		公斤
404990100	淡水养殖龟		公斤
404990200	淡水养殖鳖		公斤
404990300	淡水养殖蛙		公斤
404990400	淡水养殖珍珠		公斤
404999900	其他未列明淡水养殖产品		公斤
405	淡水养殖产品种苗		尾
40501	淡水鱼苗		尾
405010100	鳟鱼苗		尾
405010200	鳗鱼苗		尾
405010300	鲤鱼苗		尾
405010400	草鱼鱼苗		尾
405010500	鳙鱼鱼苗		尾
405010600	鲟鱼苗		尾
405010700	罗非鱼苗		尾
405010800	鲀鱼苗		尾
405010900	青鱼苗		尾
405011000	鲢鱼苗		尾
405011100	鲫鱼苗		尾
405011200	鳊鱼苗		尾
405011300	鲶鱼苗		尾
405011400	鮰鱼苗		尾
405011500	黄颡鱼苗		尾
405011600	鲑鱼苗		尾
405011700	池沼公鱼苗		尾
405011800	银鱼苗		尾
405011900	短盖巨脂鲤苗		尾
405012000	长吻鮠苗		尾
405012100	黄鳝苗		尾
405012200	鳜鱼苗		尾
405012300	鲈鱼苗		尾
405012400	乌鳢苗		尾
405012500	泥鳅苗		尾
405019900	其他淡水鱼苗		尾
40502	淡水养殖虾苗		尾
405020100	罗氏沼虾苗		尾
405020200	青虾苗		尾
405020300	克氏原鳌虾苗		尾
405020400	南美白对虾苗		尾
405029900	其他淡水养殖虾苗		尾
40503	淡水养殖蟹种苗		尾
405030100	中华绒毛蟹(大闸蟹)种苗		尾
405039900	其他淡水养殖蟹种苗		尾
40504	淡水养殖贝壳种苗		尾
405040100	河蚌种苗		尾
405040200	螺种苗		尾
405040300	蚬种苗		尾
405049900	其他淡水养殖贝壳种苗		尾
40505	淡水养殖藻类种苗		尾

续表 25　　　　continued 25

产品代码	农产品类别与品名	生产者价格代表产品	计　量
405050100	螺旋藻种苗		尾
405059900	其他淡水养殖藻类种苗		尾
40599	其他淡水养殖产品种苗		尾
405990100	稚龟种苗		尾
405990200	稚鳖种苗		尾
405990300	幼蛙种苗		尾
405990400	珍珠蚌种苗		尾
405999900	其他未列明淡水养殖产品种苗		尾
406	淡水捕捞产品		公斤
40601	捕捞淡水鱼		公斤
406010100	鳗鲡		公斤
406010200	青鱼		公斤
406010300	草鱼		公斤
406010400	鲢鱼		公斤
406010500	鳙鱼		公斤
406010600	鲤鱼		公斤
406010700	鲫鱼		公斤
406010800	鳊鲂		公斤
406010900	泥鳅		公斤
406011000	鲶鱼		公斤
406011100	鮰鱼		公斤
406011200	黄颡鱼		公斤
406011300	鲑鱼(淡水)		公斤
406011400	鳟鱼		公斤
406011500	河鲀		公斤
406011600	池沼公鱼		公斤
406011700	银鱼		公斤
406011800	长吻鮠		公斤
406011900	黄鳝		公斤
406012000	鳜鱼		公斤
406012100	鲈鱼		公斤
406019900	其他捕捞淡水鱼		公斤
40602	淡水捕捞鲜虾		公斤
406020100	罗氏沼虾		公斤
406020200	青虾		公斤
406020300	克氏螯虾(克氏原螯虾)		公斤
406029900	其他淡水捕捞鲜虾		公斤
40603	淡水捕捞蟹		公斤
406030100	中华绒毛蟹(大闸蟹)		公斤
406039900	其他淡水捕捞蟹		公斤
40604	淡水捕捞鲜软体动物		公斤
406040100	蜗牛		公斤
406040200	螺		公斤
406040300	河蚌		公斤
406040400	蚬		公斤
406049900	其他淡水捕捞鲜软体动物		公斤
40605	淡水捕捞螺旋藻		公斤
40699	其他淡水捕捞产品		公斤
406990100	丰年虫		公斤
406999900	其他未列明淡水捕捞产品		公斤